LA FLEVR DE LYS.

Qui est le discours d'vn François retenu dans Paris, sur les impietez & desguisemens contenus au manifeste d'Espagne publié au mois de Ianuier dernier. 93.

IVSQVES à ce iour i'auois tousiours esperé que nous ouuririons bien tost les yeux, & qu'il ne seroit point besoin d'exciter nostre iuste indignation contre l'ancien & capital ennemy des fleurs dé Lys, sinon lors que r'alliez tous ensemble sous l'estendart de France, nous passeriós les Pyrenees pour deliurer de captiuité ces pauures esclaues de Nauarre, qui tendent les bras à ce grand Prince auquel Dieu à donné ces deux belles couronnes, l'vne de l'estoc de son pere, & l'autre de celuy de sa mere. Mais puis qu'apres tant de vaines esperances qu'on nous a fait prendre en ceste ville de Paris les vnes à la suite des autres, pour endormir nostre sentiment & tromper nostre misere extreme: En fin nous voyons que ceux des-

A 2

quels nous attendions le commencemēt
de noſtre bon-heur (comme quelques-
fois il eſt aduenu que les autheurs des
grands maux y ont apres apporté les
grands remedes:)Puis,diſ-ie,qu'au lieu de
recognoiſtre leur Roy legitime ils ont
paſſé le rubicon, & ſe ſont iettez la teſte
baiſſee dans le gouffre hydeux de la ſeruitude Eſpagnolle. Ie ne peux plus garder ce long ſilence, il faut que pendant
que nous auons encores quelque reſte de
l'humeur de noſtre ancienne liberté Frā-
çoiſe, qu'il nous eſchappe des parolles,
des ſoupirs teſmoins de noſtre intention.
Il faut deuant que rendre l'eſprit, eſcrire
de noſtre ſang ce dernier teſtament pour
nos neueux,à fin qu'ils ſçachent que leurs
ayeulx n'ont point eſté ſi traiſtres à leur
pays, que de s'eſtre volontairement laiſſé
encheſner aux cadenes de ceſte nation
cruëlle & plus que barbare.

Innocente poſterité qui lirez en ca-
chette ces derniers regrets de voſtre mere mourante, ſouuenez-vous touſiours
que vous eſtes de la race de ceux qui ont
de tout temps faict trembler les autres
peuples de la terre, qui ont franchy les
Alpes, les Pyrenees, & paſſé l'vne & l'au-

tre mer pour faire reluire leur armes iuſques au plus profond des empires eſtrangers : qui n'ont iamais rien craint ſinon
que le ciel tombaſt ſur eux, certains de
vaincre & de dompter tout ce qui eſtoit
ſur la face de la terre qui les oſeroit af-
fronter.

Ceſte ſeule ſouuenance vous rempli-
ra le cœur de deſpit & de rage, vous ren-
dra vn iour aſſez forts, encores que toutes armes vous deffaillent, pour eſtouffer
de vos mains ces ſerpens qui vous ayans
vne fois du tout entortillez, vous deuore-
roient iuſques à la mouëlle des os.

Ne croyez point mes enfans que les pa-
ctions honteuſes de vos peres procedent
de leur volonté : ne meſurez point l'intention d'vn grand peuple par la meſchance-
té ſignalee d'vn nombre de mutins non
François, mais adulterins engendrez icy
par ces Eſpagnols.

Non ! il n'eſt point croyable que dans
l'eſprit d'vn homme venu de race pure
Françoiſe, peut tomber vne ſi infame &
ſi mal-heureuſe cogitation : Ie ne veux
point mettre en conſideration les cruautez eſpouuantables qui ont depeuplé les
Indes, faiſát mourir plus d'hommes qu'il

n'y en a auiourd'huy de reſte ſur ſa terre:
ie ne veux point repreſenter l'auarice in-
ſatiable qui a eſpuiſé les minieres du Pe-
ru, & proſcript les plus grandes & plus
riches familles du Portugal & des Pays-
bas : Tout cela eſt à propos à ceux qui
cherchent vn eſtranger pour maiſtre,
mais le veulent auoir tolerable.

La France ne ſçait que c'eſt de tels chois,
la France ne recognoiſt que ſes enfans,
que ceux qu'elle a alaictez, nourris & e-
ſleuez dans ſon ſein auſquels elle com-
mande, ſon Roy ſeul excepté, que Dieu
fait naiſtre l'aiſné de la plus ancienne, plus
grande, plus floriſſante maiſon du monde, tenant le ſceptre François depuis tant
d'annees : La France n'eſcoute la voix
que de ce ſeul enfant qu'elle cherit, qu'elle aime ardemment & d'vne affection ex-
traordinaire, n'eſtimant rien de difficile,
rien de perilleux de tout ce qui peut ſer-
uir à l'eſleuer par deſſus les autres Princes
de la terre : elle met en luy tout ſon contentement: ſa gloire, ſa Maieſté eſt repre-
ſentee & reluit tout en ſon fils aiſné; duquel pour quelque temps & pendant le
ſommeil de ſa mere, les entrepriſes peuuent eſtre retardees : mais en fin ſi elle

s'esue ille, que le bruage qui luy a esté
donné par ses ennemis pour l'assoupir ait
consommé sa force, qu'elle vienne à se
recognoistre & à remuer ses bras engourdis : en combien peu de temps verrons-
nous toutes ses forces Espagnoles mises
en pieces, toutes ses garnisons de Mores
rougies dans leur sang : la face hideuse
de la France changée en ioye & allegresse, & toutes ces tempestes chassees par vn
beau soleil qui nous ramenera le iour de
contentement & de plaine liberté.

Nos Eglises ne seront point desolees
comme on veut faire croire, ains au contraire seront remplies de ceste ancienne
multitude qui auoit accoustumé d'estre
veuë auec nous. Tous ensemble nous
rendons graces a Dieu de la felicité qu'il
nous aura donnée, voyans à l'entour de
nous, non l'insolence de ces Espagnols
plains de pompe & de vent, mais la douceur de nos parens, & l'aggreable compagnie de ceux qui sont nays en mesme
ville que nous. O iour heureux! trois fois
heureux, & tant souhaitté par tous les gés
de bien de ceste pauure ville gemissans
sous le faix de la domination estrangere,
auquel nous pourrons sans crainte plo-

fer nos miseres passees, nous resiouir de nostre felicité, & en esperer vne encores plus accomplie. Que si nos biens sont consommez, & ne nous reste qu'vne demie vie mal liee en vn corps maigre, attenué par l'extremité de famine, au moins pourrons nous parler hardiment, nostre misere sera bornee, & l'affection des choses passées ne sera point augmentee par l'apprehension de celles de l'aduenir. Nous ne verrons plus ces superbes Rodomonts aller presider au conseil des bastards de la France : nos oreilles ne seront plus remplies de leurs fieres menaces, & des venteries de leurs grandes armees qui deuoyent chasser la guerre à cét lieuës loin de nous, gaigner tant de batailles, & emmener nostre Roy dans la Bastille.

Mais puis que ce iour doit estre si heureux, pour quoy ne nous efforçons nous de l'aduancer voire au peril de nos vies: faut-il que la crainte de la mort nous face honteusement & laschement mourir de famine? au lieu de nous venger par le fer de ceux qui nous reduisent en ces extremitez, nous faisons opiniastrer contre noftre pays & noftre Roy: & ce pendant la superfluité de leur defpence nous fait clairemét voir que ce temps leur eft auffi facile à paffer comme il nous eft dur & intolerable. Les grandes penfions qu'ils tirent chacun iour de leur bon maiftre, le leur faict recognoiftre, le leur fait appeller le grand Roy, le Roy vniuerfel, le Roy Catholique, le Roy des Roys, le grand Monarche victorieux par mer & par terre, & fi quelque autre flatterie fe peut inuenter, ils l'en combleront en efchange de fes doublons. Quel plus affeuré tefmoignage peut on auoir que telles gens ne font aucunement François : Les Achæiens eftát defià entrez en recognoiffance de l'Empire de Rome, Ariftænetus Megalopolitain homme de grand credit entr'eux, dit vn iour en plain confeil qu'il falloit honorer les Romains, & ne fe monftrer ingrat enuers eux ? Philopœmen qui a efté à bon droict appellé par les hiftoriens le dernier des Grecs, oyant ce propos fe teut pour quelque temps, à la fin il fut fi preffé d'impatience & de cholere, qu'il ne fe peut tenir de dire, *Pourquoy Ariftænetus as-tu fi grand hafte de voir la mal heureufe deftinee de la Grece.* Il y a depuis trente ans entre nous vne plain-

te generale non seulement de toute la
Nobleſſe, mais de tous les autres gens de
courage, que le Roy d'Eſpagne a oſé penſer de faire marcher ſes ambaſadeurs deuant les noſtres. Qui eſt le François qui
ne s'en ſoit plaint auec iuſte indignation?
& maintenant tout d'vn coup celuy qui
ſe dit tuteur & lieutenant general de la
couronne, de la grandeur & de la Maieſté
Françoiſe, a eſté ſi laſche: ou pluſtoſt ſi
traiſtre que d'auoir appellé le Roy d'Eſpagne, le grand Roy : à qu'elle comparai-
ſon grand, ſinon que celuy de France ſoit
petit.

Comment Charles de Lorraine pour-
rois-tu bien remarquer quelque exemple auquel par lettres patentes ſeellees
des fleurs de Lis, on ait attribué ce tiltre
de grand à vn Roy eſtranger: tout au contraire on a fait infinis fois ruiſſeler les
campagnes de ſang pour conſeruer le
tiltre Auguſte des Roys de France premiers, plus anciens, plus grands & plus
puiſſans Princes de la Chreſtienté, qui
portent la Couronne de liberté & de
gloire par deſſus tous les autres Roys. Et
maintenant tout haut & en public dans
les lettres patentes ſeellees de fleurs de

Lis par toy falcifiees, tu appelles l'Espagnol, le grand Roy, parole qui du temps
de nos peres t'eut seule cousté la vie :
pourquoy, Duc de Mayenne, as-tu si grand ha-
ste d'auancer les mal-heureuses destinees de la
France ? Il a (dis tu) secouru nostre Religion Catholique : dis ton ambition, &
les desseins que ta maison a sur cest Estat.
Pour esbranler vne couronne affermie
par tant d'annees, & reprendre des vaines pretentions depuis Charlemagne, &
d'ailleurs conuaincuës faulses par les histoires, qui mostrent qu'il n'y a que six
vingts ans que la race de Vaudemont est
entree en la maison de Lorraine, laquelle
en moins de quatre cens soixante ans, est
tombee en sept diuerses familles, pour
frapper dis-ie vn tel coup, esteindre la
maison royalle, & se loger en sa place : il
falloit vn grand support & vn pretexte
merueilleusement plausible : ceste forte-
resse ne se pouuoit attaquer auec des
batteries foibles, veu mesme qu'en tels
actes les fautes sont si perilleuses. Le support a esté le Roy d'Espagne, l'ancien ennemy de la France, & qui a hereditaire ce
grand dessein de se rendre monarche de
la Chrestiété : le seul pretexte qu'on pou-

A a v

uoit prendre eſtoit celuy de la religion, tous autres ſe trouuans trop debiles. C'eſt pourquoy de longue main on a ſoldoyé ceux qui ont eu la langue venale aux chaires dediees à la verité, par le moyen deſquels on a ietté ſur le peuple tous ces charmes qui ont approché pres cét Eſtat de ſa ruyne. On a auſſi de lógue main euuoyé des Ieſuiſtes vrayes colonies d'Eſpagnols, qui ont reſpandu le venin de leur conſpiration ſous l'ombre de ſainteté, & ſous couleur de confeſſion (quel eſtrange artifice) ont abuſé de la deuotió des François, qu'ils ont obligez a leur lique par ſermens ſecrets. Et apres au lieu d'inſtruire le peuple en noſte religion Catholique ont eſté les trompettes de guerre, flambeaux de ſedition, protecteurs & defenſeurs de maſſacres & voleries, bref ont ſerui de leuain eſtranger pour enaigrir la paſte de noſtre France, & éhanger ſa fidelité en deſloyauté & rebellion, códuiſans ſi bien les deſſeins de leur maiſtre qu'ils ont remply de feu & de ſang tout ce Royaume au parauant ſi floriſſant : & par l'eſpee meſme Françoiſe faict mourir tant de braue & genereuſe Nobleſſe, aſſez forte, aſſez puiſſante pour recon-

querir Naples & Milan que ceſte race
Gothique a vollé ſur nos peres.

Ces malheureux artifices ont eſté long
temps cachez: mais en fin la guerre com-
mencee à tout outrance dés l'an quatre
vingt cinq contre vn Roy tres-Catholique, recognu tel par ceux meſmes qui
l'ont le plus hay : contre vn Roy qui e-
ſtoit encores en la fleur de ſon aage, &
l'aſſaſinat deteſtable commis en ſa per-
ſonnne, quatre ans apres, ont fait trop
clairement voir ce pretexte de Religion
du tout faux & ſans aucune apparence.
Ce meurtre cruël & horrible de leur Roy
les rendans execrables à toutes perſonnes de courage, maintenát pour couurir
les artifices dont ils ont vſé afin d'y par-
uenir : ils donnent ceſte impreſſion au
peuple par leur declaration, que la mort
de noſtre Roy eſt vn coup du Ciel. O impieté abominable !

Grand Roy que tous les artifices de tes
ennemis qui abuſans de ton authorité &
de ta bonté trop facile, s'eſtoient rendus
maiſtres de tes meilleures villes : n'ont
peu empeſcher que tu ne les ayes renfer-
mé dans la capitale de ton Royaume, &
qu'ils ne ſe ſoient trouuez reduits en telle

extremité que fans ce coufteau forgé dãs
l'enfer ils s'en alloient chaftiez de toutes
leurs trahifons infignes : grand Roy qui
ne pouuois auoir vne plus entiere recognoiffance de ta victoire par tes ennemis
mefmes, que le genre de ta mort ; eft-il
poffible que tes fubiets, que tes enfans
qui parlent encore le langage François,
puiffent endurer que ce cruël parricide
auquel le foleil ne vid iamais rien de femblable, rien de fi execrable qui les a tous
comblez de regret & de larmes, foit appellé vn coup du ciel ?

O Dieu ! qui n'endures iamais qu'im-
punément on abufe de ton fainct nom,
en tels & fi horribles forfaits : Peux-tu
permettre qu'vne inuention & vn coup
du Dæmon qui tourmente les hommes,
te foit attribué, & que toy qui és le protecteur des Roys en fois proclamé le maf-
facreur ? N'endures point (Seigneur) tels
blafphemes, ains d'vn coup de ton puif-
fant bras, d'vn coup vrayement du ciel,
brife la tefte mal-heureufe de ces traiftres
à leur Roy, de ces fanglans parricides qui
veulét couurir leur cõiuration & cõfpira-
tion deteftable fous le voile de ton nom.

Quelle indignité (François) que ceux

qui impudens & eshontez osent encores
faulement se faire appeller comme vous,
deplorent la mort du Duc de Parme,
qu'ils apellent d'heureuse memoire : tiltre qui ne fut iamais donné en public sinon aux Roys. Et au contraire veulent
que nous croyons nostre deffunct Roy
auoir esté tel : Que Dieu qui est tout bon
& la source de tout bien, aye faict couper la gorge à son Oingt, à celuy qui auoit
sur sa teste la premiere Couronne de
tous les peuples qui sont baptisez en son
nom. Tellement qu'vn petit Prince estrá-
ger vsurpateur du patrimoine de S. Pierre, est non seulement comparé au Roy de
France, au Roy de la fleur de Lis, mais
est magnifié par la mesme langue qui
blaspheme contre la memoire de nostre
deffunct Roy. Encores si ceste langue e-
stoit Espagnole de son, aussi bien qu'elle
l'est d'affection, cela seroit plus tolerable :
mais que la langue Françoise soit polluë
de parolles si impures, quelle indignité,
quel regret?

　　La raison de ces langages si diuers est
bien apparente, la mort de ce Pharnaise
qui ne signoit qu'Alexandre, a frappé
vn merueilleux coup aux affaires de ce-

ste guerre, ne se trouuant aucun successeur qui puisse approcher de sa reputation, de sorte qu'à faute de tous autres
Dom Philippes a esté contraint d'y mettre vn Capitaine qui n'est cogneu que
pour auoir esté le grand bourreau des
pauures Indiens, par luy massacrez sans
aucune resistance, lequel aussi ceux du pays ne veulent point receuoir apprehen-
dans sa cruauté extreme,

Au contraire les Guysars ont estimé
que la mort du feu Roy les portoit droit
à la royauté, & que par leurs artifices ils
nous debanderoient les vns d'auec les
autres, nous faisant croire qu'aucun ne
peut estre bon Catholique s'il n'est Espagnol ou Lorrain, s'il ne porte la croix
rouge ou les doubles croix. Ils ont tenu
le peuple dans Paris plus de deux ans en
opinion qu'on ne disoit point de Messe à
Tours, & ont noyé ceux qui auoient osé
tesmoigner le contraire : mais puis-que
tout leur dessein est fondé sur pures im-
postures, ils sont excusables de punir
cruellement ceux qui tesmoignent la verité leur ennemie capitale.

Plusieurs qui depuis la mort du feu
Roy n'ont point vescu en ceste ville de

Paris pourront croire ce qu'ils publient
par ceste declaration, qu'ils se sont efforcez d'amener sa Majesté regnante au
sein de nostre Eglise. Mais nous qui depuis quatre ans auons continuellement
ouy leurs sermons, sçauons tout le contraire : & qu'ils ne nous ont iamais rien
tant presché, si non que quand il deuien-
droit aussi bon Catholique que sainct
Loys(ce sont leurs propres mots.)Le cu-
ré de S. Benoist disoit dans S. Mederic
aussi bon Catholique que ie le pense estre,
qu'il ne le falloit nullement receuoir,
qu'il estoit relaps & impenitent. Ceux
qui faisoient plus les doux disoient qu'on
le pouuoit receuoir en l'Eglise , mais
qu'il falloit donc que pour penitence de
sa faute il quittast la couronne à ceux qui
l'auoient reduit : qu'il pouuoit estre
Catholique mais non Roy. Trente mil
personnes non seulement ont ouy,mais
oyent tous les iours ces langages de Bou-
cher & de Commolet Iesuiste, & neantmoins ils voudroiét volontiers faire croire au reste de la France qu'ils se sont efforcez de le conuertir. Hipocrites que vous
estes, ne sçauez vous pas en conscience
que vous n'auez iamais desiré sa conuer-

fion mais fon Eftat, que vous ne vous
mettez pas en peine s'il aura vne courô-
ne au Ciel, mais que vous luy voulez en-
leuer celles qu'il a en la terre. Ne fçauez
vous pas en confcience que vous vou-
driezque tumultuairemét au retour d'vn
exploit de guerre, il entraft en noftre E-
glife, a fin qu'à iamais on le creut vne a-
thee, fe feruant de la Religion comme
d'vn mafque pour iouër fon perfonnage,
& que par ce moyen il perdit creance enuers tous les peuples de la Chreftienté.
Ne fçauez vous pas en voftre confcience
que vous ne craignez rien tant au monde, finon qu'en vn Concile legitime par
la voye du fainct Efprit, fes erreurs luy
foyent clairement monftrés. Si vous ne
le craignez infiniment, pourquoy vous y
rendez vous donc fi refractaires? Pourquoy aymez vous donc mieux voir toute
la France bruflante & tantoft reduicte en
cendres, & tant de miferables perfonnes
atterrez fous les faix infuportables de ces
longues guerres, reduicts à telle pauureté, que leur mifere a de beaucoup fur-
monté celle de leurs amis qui y font
morts : Pourquoy dis-ie n'aymez vous
mieux effayer ce remede, feul propre,

feul pratiqué par les anciens peres, pour
guerir telles maladies , remede fouuent
reïteré pour vne mefme erreur, d'autant
que la verité qui eft toufiours femblable
à foy en tous lieux & en tout temps, n'eft
point attachee à vn feul Concile:remede
qui ne feruiroit pas feulement pour luy,
mais pour tous les autres de fa Religion,
Pourquoy dis-ie n'aymez vous mieux v-
fer de cefte medecine douce & falutaire
q̃ du fer & du feu, aufquels la confcience
des hómes n'eft nullement fuiette : les armes ne produifent que des renieurs de
foy & non des conuertis : aux vlceres du
corps conuiennent les chofes temporel-
les, aux playes de l'efprit les remedes fpi-
rituels ; vouloir à viue force arracher
l'erreur en la Religion, c'eft guerir l'ame
par le corps, mais pluftoft c'eft tuër non
pas guerir,c'eft par les tenebres monftrer
la lumiere, & par la cruauté enfeigner la
douceur , fi vous voulez deftruire l'erreur, il eft befoin d'inftruire l'homme,
pour l'inftruire il faut en vn Concile li-
bre ouyr fes raifons,& luy faire entendre
les voftres.

Encores fi Dieu faifoit cognoiftre par
le fuccez de vos armes qu'elles luy fuf-

sent aggreables, qu'il vous eust donné des
aduantages sur noftre Roy, & efperance
de forcer tát de puiffantes villes qui s'en-
richiffent „ s'agrandiffent & fe fortifient
tous les iours de la ruine & des defpouil-
les de noftre pauure Paris, voftre ardeur
à continuer la guerre feroit aucunement
excufable. Mais ayant perdu tout à plat
vne grande & fignalee bataille, lors que
vous eftiez affiftez des forces d'Efpagne,
d'Allemagne, de Suyffe, & de Lorraine,
& le iour mefme comme par vne efpece
de merueille, ayans perdu vne feconde
bataille en Auuergne. En cefte annee
derniere le Duc de Ioyeufe l'vne des
principales forces du party Efpagnol,
ayant efté rompu & tué en bataille rangee auec vne perte de trois mil hommes
noyez ou eftendus fur le champ, entre
lefquels ont efté recognus tous les chefs
des rebelles du pays, de forte qu'on a efté
contrainct de decapuciner frere Ange,
qui receura en fin pareille recompenfe
d'auoir rompu le vœu qu'il auoit folen-
nellement fait à Dieu, qu'a eu fon frere
d'auoir violé la foy à fon Roy, qui auoit
tant aymé & efleué toute fon ingrate
maifon. Au mefme mois d'Octobre le

general de l'armee Lorraine ayant perdu la vie & l'armee de son maistre, vaincu par vne poignee de gens qui com-
ptoient pour dix mil hommes leur chef
de Buillon, de la bonne fortune & ad-
nancement duquel ie ne m'esbahis pas,
si le Duc de Lorraine son voisin fait faire tant de plaintes, puis qu'en si peu de
temps il luy a desià enleué deux fortes
villes, & mis en pieces la fleur de sa gen-
darmerie qui luy seruiroit bien maintenant à deffendre ses autres places, contre
douze mille hommes & vint canons qui
l'assaillent viuement.

Apres dis-ie, tant de grandes pertes,&
toutes vos principales villes estant si e-
stroictement reserrees, quelle esperance pouuez vous auoir de reste,principale-
ment cét Alexandre de Parme n'estant
plus au monde? Il est vray que doresna-
uant nous serons peut estre secourus du
Sauoyart, qui nous amenera de grandes
armees,à fin de se venir faire courronner
dans vostre ville de Paris, car il a espousé
l'vne des filles d'Espagne, & puis que par
l'dauis des Docteurs de Milan, la Loy Salique ne doit plus auoir lieu, il a part sans
doute à la succession: car a Paris il n'y a

point de droit d'aiſneſſe entre les files,
la ville ſe peut commodément diuiſer,
que l'aiſnee choiſiſſe le Louure ou le Palais, l'vn ſera Sauoyart l'autre Eſpagnol.

Mais ie croy qu'il a bien à penſer à
d'autres choſes : Il void deſià les enſei-
gnes Françoiſes plantees ſi auant au milieu du Piedmont, qu'il faut plus de trente mil coups de canon pour les deſraci-
ner : & au parauant que d'en venir là , il
faut gaigner bataille contre ceux qui la
luy preſentent il y a ſix mois, ſans qu'il
oſe decendre en raſe campagne auec
toute ſa milice & celle de ſon beau-pere.
C'eſt vn vray coup du grand Scipion, noſtre Roy a fait porter la guerre en Afrique, le flambeau dans les eſtats de l'Eſpagnol, & de ſon gendre qui s'intituloit
deſià Comte de Prouence, d'où il a trouué vn des heritiers de Gaſton de Foix, &
du vailllant Nogaret, qui ne le chaſſera
pas ſeulement, mais paſſera plus outre, &
luy fera cognoiſtre veritable le vieil pro-
uerbe que la France n'eſt iamais ſi affoi-
blie qu'on n'y trouue touſiours à batail-
ler à bon eſcient, & que toſt ou tard elle
ne face cognoiſtre qu'il eſt tres-dange-

reux de s'attaquer à elle.

Ingrat Sauoyart, le plus ingrat de tous les hommes de la terre, la France auoit rendu à ta mere ce qu'à la pointe de l'espee, & à iuste cause elle auoit arraché à ton ayeul, & lieu de recognoistre ceste magnificence, & par toutes sortes de bons deuoirs reuerer la maiesté de l'Empire François, par trahysons insignes, tu t'es efforcé de le deschirer & demembrer coniurant auec ses capitaux ennemis. Souuien toy que ie te predis qu'vne femme Espagnolle te fera perdre ce qu'vne femme Françoise auoit porté à ton pere, rien ne t'en peut guarentir.

Tout l'artificieux langage de l'Archeuesque de Lyon, & cest abregé de tous les libelles seditieux & harangues vomies contre nos Roys, publié sous le tiltre de Declaration par ces pensionnaires de Castille, ne peut rien sur ceste genereuse Noblesse qui a les oreilles & les cœurs munis contre telles Sirenes qui la veulent abysmer en des gouffres de miseres : elle ne prent tous ces derniers artifices que pour argumens asseurez, que les forces de ceste detestable coniuration s'en vont du tout ruynees. Vous cognoissez main-

tenant que ceſte turbulante & ſeditieuſe
populace ne peut vaincre la Nobleſſe
Françoiſe, ne peut ſeulement attendre le
premier chocq de ſes cheuaux, ne peut
ſupdorter l'eſclat de ſes armes luyſantes.
Que voulez vous doncq faire ? eſſayer
s'il y auroit moyen par belles parolles de diuiſer en deux patts ces braues Gentil-hommes, & en vn champ de
bataille leur faire couper la gorge les
vns aux autres. O que ce vous feroit vne
belle iournee en laquelle nul coup ne ſe
donneroit en vain, ou la perte de l'vn &
l'autre coſté ſeroit gain égal, & auancement ſemblable de vos deſſeins qui ne
peuuent reüſſir tant qu'il y aura des Gentils-hommes en Fráce: Ils ſont nais à la liberté, à la gloire : ils ſont impatiens de
toute dominatió, de tout cómandement
eſtráger: ils ne peuuét ouyr parler du Roy
d'Eſpagne, du Sauoyard, ou des Lorrins,
ſans entrer en cholere, en indignation, en
menaces, ſás courir aux armes, & vouloir
eſleuer le nom & l'honneur de la France
par deſſur toutes les choſes du monde: ils
ne peuuent ouyr appeller vn grand Roy
autre que le leur, ſans paſſer ſur le ventre
à ceux qui oſent proferer telles paroles

feruiles, abieƈtes & infames : ils ne cognoiſſent point ce mot de Roy vniuerſel
en quelque langue qu'on le puiſſe deſgui-
ſer : ils ne cognoiſſent ce vieil tyran que
par le nom de Roy d'Eſpagne, qu'on n'o-
ſe maintenant proferer deuant eux, de
peur qu'à ceſte ſeule parole, ils ne
ſe ſouuiennent que c'eſt leur ennemy capital, l'ennemy iuré de leurs peres, qui retient iniuſtement à la France
la moitié de ſes Prouinces : qui a fait
mourir ſon propre fils & ſa femme, fille
du Roy Henry II. & depuis aduancé la
mort de ſes deux beaux freres, du feu
Monſieur, & du deffunƈt Roy : & à fin
qu'on le puiſſe mieux cognoiſtre il eſt
fils de Charles le quint, empoiſonneur
du Dauphin de France, qui par trahyſons
a volé les plus grandes richeſſes de ce
Royaume, qui a ietté les fondemens de
ſa tyrannie dans la ville de Rome, laquelle ſon fils y a depuis du tout eſtablie &
affermie, achetant à force d'argent les
voix du conſiſtoire, & faiſant introduire
dans le S. Siege ſes nourriçons & penſiō-
naires, ſelon le degré de leur affeƈtion à
l'Eſpagne. Vous eſbayſſez vous doncq ſi
des bulles forgees dans Madric pour ré-

dte la France tributaire par ſa diuiſion,
qui n'ont pris que leur trempe à Rome,
ont eſté condamnees par ceſt Auguſte &
ſacré Senat de noſtre Roy : Senat preſidé
d'vn Caton, remply de Phocions, & accouſtumé de tout temps à vanger les iniures de la Couronne.

La Nobleſſe Françoiſe a enuoyé le
Marquis de Piſani, pour du tout s'aſſeu-
rer de la verité : s'il ſe treuue que Rome
ſoit auſſi bié acquiſe à l'Eſpagnol que Se-
uile, & que les remonſtrances n'y ſoyent
bien receuës : on ſçaura bien pouruoir
de remedes neceſſaires. Ce ne ſeroit pas
la premiere fois que le Sainct Siege auroit eſté tranſferé deçà les monts, dequoy
neantmoins ie m'aſſeure qu'il ne ſera aucunement beſoing : car l'eſpee Françoiſe
eſt aſſez forte pour deliurer encores vne
fois Rome de ceſte race Catholique &
Sarrazine : Ne croyons pas que tout ce
qui eſt de là les Alpes ayme ce Roy Vniuerſel, au contraire tant plus de leur naturel ils ſont clair-voyans, d'autant plus
ils apprehendent les effects de ſa domination inſupportable, & l'execution des
deſſeins hereditaires de Charles ſen pere.
Ceſte nobleſſe Françoiſe Catholique eſt
aſſez

aſſez forte pour conſeruer l'eſtat, & la
religion tout enſemble, elle n'a que faire
de l'ayde de ces ſouuerains d'Eſpagne, de
Sauoye & de Lorraine, deſquels vous
parlez tant par voſtre Declaration, qui
ſous pretexte de ſecours la veulent chaſſer de l'heritage acquis par le ſang de ſes
anceſtres, comme il eſt aduenu quaſi à
tous les peuples du monde, ainſi que les
hiſtoires font cognoiſtre. Noſtre ſainĉte
religion Catholique Romaine n'eſt aſ-
ſaillie que par voſtre malheureuſe Ligue,
qui porte l'atheiſme, les violemens des
vierges ſacrees, les meurtres des preſtres,
les ſaccagemés des Egliſes en tous les en-
droiĉts du Royaume, tant s'en faut que
noſtre Roy y apporte changement quelconque, & qu'il côtreuienne en la moindre choſe à ſon ſerment, qu'au contraire
il eſt auſſi ſoigneux de tout ce qui con-
cerne noſtre religion, & de la celebratió
des ſainĉts myſteres que nous meſmes.
Toutes les villes qu'il a reduites en ſon
obeiſſance en rendront teſmoignage,
auſqnelles il ne ſe trouuerra qu'on ait
ſouſtrait la moindre relique ou vn ſeul
vaſe ſacré, (au lieu que la plus grande partie des voſtres eſt fonduë ou emportee
                              B b

en Arthois) où il ne se trouuera vn seul
religieux, vn seul Prestre qui se soit con-
tenu en son habit & en sa profession qui
ait esté offensé, voire de la moindre parole : les vostres sont tantost tous morts
de faim, ou retirez aux villes obeissantes
à sa majesté, ou ils ont esté receus, cheris
& recherchez, recognoissans ce qu'ils
n'eussent iamais pensé, & que vos impo-
stures & calomnies continuellement
preschees les auoient empesché de voir.
Pourquoy estimez vous que Dieu vous
aye enuoyé ces grandes afflictions, ces
necessitez de toutes choses & principale-
ment d'argent, si non à fin que le peuple retiré d'auec vous petit à petit, estant
aux villes obeissantes à leur Roy, reco-
gneut sa faute & sa simplicité de s'estre si
long temps laissé abuser à ces enchante-
mens qui leur faisoient voir ce qui ne fut
iamais, qui leur faisoient croire que tous
les Princes, tous les Officiers de la Couronne, tant de braues Seigneurs, n'estoiét
plus Catholiques, par ce qu'ils ne vou-
loient ployer sous les commandemens
de ce grand Roy Catholique, & les lettres patentes de Charles de Lorraine.
N'est-ce pas pour ce crime d'heresie que

vous auez pillé & ruyné l'hostel de Neuers,&donné le Duché de Rethelois àvn
Spartaque, auquel vous auez fait prendre
tiltre de Duc de Rethelois; & Pair de
France? ou bien si vous auez ainsi mal
traitté le Duc de Neuers par le commandement exprez du Roy d'Espagne, qui le
hait autant que Prince de la terre, d'autant qu'ayant percé le plus auant & plus
clairement manifesté à toute la France
ses pernicieux desseins :pour les arrester
& confondre sous les auspices de nostre
Roy, il y apporte tous les iours de l'affection; de la valeur, du courage, de la dili-
gence & prudence militaire, tout ce qui
se peut desirer. Et ce que i'estime vn cō-
ble de ses loüanges, il nourrist son fils v-
nique, cousin germain de sa Majesté, en
vne haine extreme de ceste Ligue Espagnole.

   Ne faut-il pas aussi condamner comme
heretiques, excommunier & proscrire
Venise, Florence, Mantoüe, Soleurre,
Fribourg,& autres Catholiques nos fideles confœderez, qui sont si temeraires
que d'oser entreprendre d'empescher
l'accroissement de la Monarchie de vostre grand Roy, & qui veulent participer
Ab ij

à la glorieuſe vengeance du meurtre du
premier Prince de la Chreſtienté, à quoy
toute l'Europe eſt obligee. Croyez moy,
ce beau & eſclatant manteau de Religiõ
duquel voſtre ambition a eſté ſi long
temps couuerte, eſt maintenant tout vſé,
tout percé, on voit à trauers, on deſcou-
ure à nud vos mal'heureux & pernicieux
deſſeins. La fœlicité incroyable qui vous
auoit conduits iuſques aupres du but,
preſts à monter ſur le plancher Royal,
vous ayant du tout abandonné, à qui penſez vous perſuader de ſe venir ietter dans
voſtre vaiſſeau à demy briſé, lors qu'il va
faire naufrage? à qui penſez vous perſuader de venir languir de faim au milieu
des ſeize volleurs qui ont pendu à l'Eſpagnolle le chef de leur iuſtice à la veuë de
tout Paris, au milieu des complices de la
coniuration du cordon qui ont la dague
à la gorge de tous ceux qui ont quelque
reſte d'humanité & de douceur en l'eſprit? bref au milieu de tant d'eſfroyables
marques de l'ire de Dieu, des cruautez,
des diuiſions, des ruynes, de toutes ſortes
de deſolations, & encores des maladies
nouuelles aux François, auſſi ne l'eſtes-
vous plus. Comment (dis-ie) penſez vous

maintenant faire operer tels poisons, veu
qu'en Aouſt & Septembre 89. qu'il ſembloit que vous fuſſiez au deſſus des affaires ayans maſſacré noſtre Roy, & auec
vne armee de trente mil-hommes ren-
fermé ſon ſucceſſeux dans Dieppe : apres
que vous euſtes fait publier de ſemblables pardons, de ſemblables abolitions,
vous ne peuſtes trouuer en tout que trois
ou quatres remiſſiõnaires, entre leſquels
eſtoit vn ſeul Gentil-homme, duquel ſe
nom demeurera à iamais infame à la poſterité, ſi par vn ſeruice tres-ſignalé il ne
laue vne ſi honteuſe tache de trahyſon,
commiſe incontinent apres l'aſſaſſinat de
ſon Roy, de ſon bon maiſtre & qui l'auoit
tant fauoriſé. Eſt-il poſſible, miſerable
que tu es, que l'image haute, paſle & eſ-
pouuantable de ce grand Roy ne ſe re-
preſente continuellement deuant tes
yeux, ne te ſuyue en quelque endroict
que tu ailles: ne le vois-tu pas d'vne main
tenant ſa playe ſanglante, de l'autre le
couſteau tout rougy, te ſuyure inceſſam-
ment pour ſe vanger de ton inſigne deſloyauté ? eſt-il poſſible que tu le puiſſe
ouyr ſans trembler & ſouſpirer, quand
d'vne voix effroyable il te reproche ton

Bb iij

crime en telles parolles: Traiſtre tu m'ho-
norois viuant, & le lendemain de ma
mort tu as adoré mes meurtriers, tu as
fleſchy le genouil aux lieux ou on edi-
fioit ce monſtre plus cruël que les tygres,
tu as accompagné ceux qui faiſoient triomphes & reſiouyſſances publiques de
ma mort.

Ie m'eſbahis encore d'auantage comment noſtre Lieutenant general de la
Couronne Eſpagnolle en France, qui
voit qu'au lieu de tant de Gentils-hommes qui ont abandóné ſa rebellion pour
ſe r'allier ſous les fleurs de Lis: il n'en
a peu gaigner que deux ou trois en
quatre ans: comment (dis-ie) il ſe perſa-
de auiourd'huy de pouuoir diuiſer les
Princes du ſang de France, & en ranger à
ſon party.

Duc de Mayenne as-tu oſé penſer à a-
uoir de tels ſubiects flechiſſans ſous tes
commandemens, obeïſſant à tes lettres
patentes, comme il faudroit neceſſaire-
ment qu'ils feiſſent s'ils paſſoient de ton
coſté? ou bien ſi tu leur veux quitter ta
Lieutenance, & te remettre ſous les loix
& les Magiſtrats auſquels tu commandes
maintenant ſi ſuperbement dans les vil-

les ocupees par ta tyrannie? que n'as-tu
donc tranché le mot, que n'as tu dit que
tu eſtois preſt de te demettre du tout de
ta puiſſance, & les eſtablir par deſſus toy
& toute ta race de Lorraine. Tu t'es bien
gardé de paſſer ſi auant, non que tu ne
ſois aſſeuré qu'il ſont tous trop magna-
nimes, trop vertueux Princes pour ſe li-
guer aüec ceux qui ſont encores toüt en-
ſanglantez de l'aſſaſſinat de l'aiſné de leur
maiſon Royalle, qui les aimoit comme
ſes enfans, duquel toutes les loix diuines
& humaines les obligent de vanger la
mort cruelle & barbare, tant que leur
ame genereuſe ſera enfermee dans leurs
corps: Mais tu craignois par tels offres
encores que tu feints d'irriter ce vieil tyran d'Eſpagne, qui a en horreur tout le
nom de Bourbon. Auſſi qu'elle apparence a telle diuiſion de perſonnes ſi bien v-
nies. Vous Lorrains depuis ſi long temps
auez la pointe de vos lances dreſſees contre tous ceux de Bourbon, & pourſuiuez
à feu & a ſang d'exterminer leur maiſon
Royalle: Lors que la fortune vous rioyt
le plus, & qu'il ſembloit que vous eſtiez
au dernier degré pour móter à la Royauté, à lors il vous ont conioinctement reſi-

ſté: Et mainteuant que tous les vrais
François ayans ouuert les yeux ont veu
clair en vos deſſeins conduits auec tant
de dexterité, qu'au lieu que voſtre ayeul
eſt venu en France foible de biens, pau-
vre d'honneur, neud de dignitez, & qu'en
l'an 1522. faiſant la guerre en Picardie
ſous Monſieur de Vendoſme, il ne com-
mandoit qu'a vne compagnie d'hommes
d'armes vous vous eſtes en noſtre aage
trouuez ſaiſis de tous les plus importans
gouuernemens de ceſt Eſtat, & ſans le
vingt-troiſieſme Decembre 88. vous vous
en alliez ſeigneurier la France ſous les
commandemés de voſtre maiſtre le Roy
d'Eſpagne: Maintenant (diſ-ie) que tout
cequ'il ya de grand & de courrageux en
ce Royaume, eſt rallié à l'entour de ſa
Majeſté, pour chaſtier voſtre ambition
cauſe de tant de miſeres, quel fondement
pouuez vous prendre pour croire que
les Princes du ſang ſe diuiſeront pour-
ſuiuans la ruine & la mort les vns des
autres, afin de laiſſer la place aux cadets
de Lorraine.

Si vous ne pouuez ietter l'eſprit de diuiſion dans Bourbon, au moins voulez-
vous attirer de ces grands qui vous ont

tant de fois, fait honteufement tourner
le dos depuis quatre ans. Ie croy que le
Duc d'Aumalle s'attend que par le moyé
de cefte declaration, ce braue & courageux Louguevuille qui auec moins de
douze cens François, lefquels ne s'eftimoient point par leur nombre mais par
leur valeur, le rompit en bataille rangee
auec fon armee de huiƈt mil hommes &
de dix canons, & le mena batant iufques
dans S. Denis, luy ennoyera vn de ces
iours offrir fon feruice, le priant de luy
pardonner fes fautes paffees, & le recon-
cilier auec fon tres-haut & tres-puiffant
coufin Lieutenant general de ce grand
Roy, Monarque des Efpagnes, des Gaules & de l'Italie. Miferables Ligueurs, en
qu'elle refuerie eftes-vous entrez de penfer, auec vos belles figures de rethori-
que, perfuader à ceux qui en vn mois
oyent plus de Meffes que vous ne faiƈtes
en vne annee, qui fous l'authorité duRoy
font, apres les Princes de fon fang, lés
vrayes colomnes de l'Eftat & de noftre
religion : de leur vouloir (dis-ie) perfuader qu'ils font tous heretiques : & qu'il ny
a que vous feuls, coniurez ruec ces nouueaux Chreftiens, la plufpart encores

Bb v

Iuifs, & Sarrazins dans leur cœur, qui
soyez Catholiques : afin que par ce moyé
ils se viennent rendre tous liez entre vos
mains, & que sans peine vous extermi-
niez en peu de temps toutes ces grandes
& illustres maisons, toutes ces races fata-
les à chasser les estrangers hors de la Fráce. Non, non, si vos memoires d'Espagne
ne portent autre chose ie voy bien que ce
viel resueur est au bout de ses artifices,
puis-que pour s'assuiettir la France il im-
plore l'ayde des Gentils-hommes François, qui tous ensemble sous mesme ban-
niere semee de fleurs de Lis, ont tant de
fois donné la chasse à ses trouppes Espa-
gnolles, & qui comme freres sortis de
mesme ventre, couronnez de mesmes
lauriers, acquis en tant de batailles, serót
à iamais vnis pour maintenir leur liberté,
leurs franchises, leurs preeminences, lesquelles par tant de blesseures, par tant de
hazards, leurs predecesseurs leur ont lais-
sees inseparablement conioinctes auec la
conseruation de la Couronne sur la teste
de l'heritier legitime.

Covrage, donc François, la victoire est vostre, Parme est mort, Ioyeuse &
toutes ses forces sont estenduës par terre,

le Lorrain & le Sauoyart referrez dans leur capitales villes implorent le fecours des Ligueurs de la France au lieu de leur en donner : L'horrible coniuration fur Renes eft defcouuerte, les traiftres font punis, & les doublons de ceft achepteur de villes font tournez à noftre vfage: voicy Montmorency qui marche auec vne belle armee, l'efpee de la France en la main : donnons donc d'vne mefme ardeur, l'effort diuifé eft fás fruict: que chacun s'efuertuë, l'intereft commun le requiert & vous y appelle, voftre pays vous y conuie: toutes les veines de Paris font ferrees, il faut qu'il feiche, fi nous nevoulons nourrir nous mefmes la rebellion, c'eft à dire, fouffler le feu qui confomme ceft Eftat: que le Roy fe fouuienne, qu'en tous les triomphes de Sylla l'heureux, rien ne fut fi beau à voir que la fuitte des plus nobles & plus riches de la ville de Rome retournans par fa victoire de l'exil, auquel la lie du peuple les auoit chaffez, & lors eftans couronnez de chappeaux de fleurs accompagnerent fon chariot triomphal, l'appellans leur pere & leur fauueur : à caufe que par fon moyen ils retournoient en leurs pays &

B ꝏvj

recouuroient leurs biens, leurs femmes,
& leurs enfans. La rejoüiſſance de tant de
bons François qui rentreront dans Paris
ne ſera pas moindre, & l'honneur ſera
infinies fois plus grand, plus ſolide &
plus aſſeuré à vn Roy legitime. Que toutes les finances publiques ſoient donc
employees à ce bel effect, que tous les
particuliers ſe ſeignent pour guerir ceſte
fiéure bruſlante : que tous ces langages
de Ieſuiſtes, ſeuls cauſes qu'vn million de
François ſe ſont entre-tuez les vns les autres ſoient aſſoupis : que tous ceux qui
baſtiſſent leurs deſſeins particuliers ſur
les mal-heurs publics (leſquels ils s'ima-
ignét à l'aduenir) ſoiét effacez du nóbre
des François: que tous ceux qui n'ayans
point de ſentimét de la douleur du corps
n'aydent à la ſoulager ſoient retranchez
comme membres pourris, & que les
grauds biens qu'ils tiennent à la charge
expreſſe de ſecourir l'Eſtat en telles & ſi
vrgétes neceſités (charge renouuellee par
ſermét treſ-ſolemnel à toutes mutatiós)
leur ſoyent oſtez, qu'ils ſoient declarez
indigne de Nobleſſe, & que ces beaux
fiefs ſoient donnez à cer braues Gentils-hommes, qui depuis quatre ans ont

continuellement la cuiraſſe ſur le dos,
ſans leſquels & la conduite de ce grand
Roy, vray Allexandre François, nous ſerions tous miſerables eſclaues d'Eſpagnol, il le faut ainſi recognoiſtre : il faut
que leurs noms ſoient eſcrits en lettres
d'or, & conſacrez à la poſterité, & le nom
des autres fleſtry d'vne perpetuelle igno-
minie ſur eux & toute leur race. Vous
Magiſtrats qui tenez en vos mains la iuſtice de la France, apportez y tant de vertu, tant de courage, recognoiſſans les
affectionnez, chaſtians ſeuerement les
traiſtres & perfides à leur patrie, que vous
participez à l'honneur de la reſtauration
de l'Eſtat. Les armees ne peuuent eſtre
qu'en certains lieux, & ne font trembler
que ceux deſquels elles approchent : la
force de la iuſtice penette par tout en vn
meſme temps, & iuſques aux lieux les
plus inacceſſibles : ſes playes & ſes marques ſont beaucoup plus cuiſantes & de
plus longue duree que celles de Belone :
Bref qu'a ce coup tous ceux qui veulent
viure & mourir Fraçois mettent à bon
eſcieut la main à cét œuure ſi excellent
& ſi neceſſaire, au reſtabliſſement de ceſte
grande Couronne en ſa premiere ſplen-

deur, en son ancienne gloire : Qu'on ne
flatte plus le mal, & nous verrons incontinent la playe nettoyeé & guerie, nous
verrons incontinent la fin de tous ces rebelles : Nous verrons le chariot du corps
de nostre feu Roy mené de Compiegne
iusques dans Paris par ces mutins en che-
mise à l'extreme consolation de tous les
gens de bien. Vous SIRE, duquel nous
arrosons la memoire de nos larmes, ap-
paisez vostre iuste courroux contre ce
pauure peuple, contre vostre ville de Paris, de vous autres-fois tant aymee, tant
fauorisee, tant enrichie : elle a commis la
plus signalee ingratitude & perfidie qui
fut ny qui sera iamais au monde : mais
elle en a desià senty vne telle punition
queles marques en seront eternelles : iettez le reste de vostre indignation, de vostre iuste vengeance sur les coulpables,
pardonnez aux innocens : consolez vous
que Dieu vous a donné vn successeur qui
vous fera recognoistre apres vostre de-
céz, par tous ceux qui vous ont desa-
uoüé viuant, qui remettra dans vostre
Louure vos armes abbatuës, vos lauriers
arrachez, & esleuera vostre memoire au
plus haut lieu d'honneur & de gloire.

Aydez nous aufli par vos prieres à luy
obtenir de Dieu vne fi longue vie qu'il
accompliffe le cours de vos ans retranchez, apres auoir paracheué les fiens.

F I N.

L'ANTI-ESPAGNOL,

ET

Exhortation de ceux de Paris, qui ne se veulent faire Espagnols : à tous les François de leur party, de se remettre en l'obeyssance du Roy Henry IIII. & se deliurer de la tyrannie de Castille.

Es plus cruëlles maladies sőt celles qui ostét le senti-mét auec la santé. On n'est iamais si malade que quand on ne lepése point estre, ce qui aduiét lors que le siege de la raisó qui deuroit iuger, souffre. Iusques icy nous auons esté trauaillez d'vne tres-longue lethargie, laquelle a rédu toutes les remő-stráces qu'ou nous a fait aussi vaines que si on se fust addressé a des statuës : Maintenant la plus gráde force de la maladie est consőmee : Nous sentons nostre mál, nos douleurs, & vne lassitude & foiblesse extreme. C'est vn tres-bő signe & vne gráde esperáce de guarisó: mais il est temps que nous apprenions la cause de toute nostre

maladie & les moyens indubitables de la
chaſſer promptement & ſans qu'elle re-
tourne iamais. Par trahiſons & menees,
l'Eſpagnol de puis quelque temps nous a
enleué en Italie, Sicile, Flandres, Bourgõ-
gne, & Floride quaſi autant de terre qu'il
nous en reſte: de quoy s'enorgueilliſſant,
luy qui n'auoit pas accouſtumé de marcher le premier apres nous, a bien oſé
entreprendre de nous vouloir preceder,
Maiutenant ſçachant que la France peut
pour quelque temps eſtre malade, mais
que quoy qu'il tarde, elle reprend ſa premiere ſanté, & ſe trouuant viue, bruſque
& ardante à la guerre, en fin vient à bout
de ces ennemis: luy qui ſe ſent fort aagé,
ſes enfans foibles, ſes ſeruiteurs ambi-
tieux, ſou Eſtat deſcouſu : deſire auát que
de mourir, en chaiſner ce grand Lyon, qui
pourroit en peu de temps deuorer ſes
enfans, c'eſt adire il ſe veut rendre maiſtre abſolut de la France, ſous quelque
nom, ſous quelque tiltre & pretexte que
ce ſoit. Il ne faut pas arouuer ce deſir fort
eſtrange : car c'eſt bien la plus belle ac-
quiſition que iamais Prince feit, mais
c'eſt a nous a y penſer, auant que nous
ſoyons du tout liez: lors il ne ſera plus

temps. Son Ambassadeur qui est infiniment accort & propre à conduire de
grandes menees, a tant faict par ces artifices, par ses liberalitez, par ses prescheurs,
& par les confessions des Iesuistes (ses
espies desguisees, & de longue main en-
tretenuës parmy nous aux despens de
nos successions (que plusieurs croient
qu'il n'en faut point deliberer d'auantage, qu'il est necessaire, & que sans cela
nous sommes tous heretiques. O pauures
miserables ! nostre religion Catholique
ne despend elle plus donc que de ce vieil
Espagnol ? ne tient elle plus qu'à ce filet
tantost pourry ? En somme nous donc là
reduits, que si ce Roy d'Espagne, qui est
aux plus dangereuses annees de son aage
vient maintenant à mourir, ou que le
Turc l'assaille, ou qu'il se trouue trop foible pour se rendre paisible de France,
qu'il nous faille perdre nostre Religion ?
Comment bon Dieu, qui pour deliurer
vostre peuple de seruitude auez fendu
les eaux, & fait vn rampart côtre la mer
de la mer mesmes, ne pouuez vous auiourd'huy, en tous les secrets de vostre
grande prouidence, trouuer vn moyen
de maintenir la gloire de vostre sainct

nom, sans que nous soyons contraints de
nous rendre esclaues du plus cruël maistre du plus superbe tyran qui soit sur la
terre? Faut-il Seigneur que vostre Religion laquelle dés son commencement en
ce Royaume acheua de trancher le lien
de la seruitude du Romain, & fut l'asseurance de nostre entiere liberté, & le gage
de vostre faueur enuers la France, pro-
duisant auiourd'huy des effects du tout
contraires, nous face necessairement dō-
ner nous mesmes, à la tyrannie Espagnole? O! bien-heureux donc nos peres! trois
& quatre fois bien-heureux, qui estes
morts en combatant pour n'estre point
Espagnols : faut-il, helas! que nous, vos
enfans le soyons maintenant? Si vostre
sang respandu a si peu proffité, au moins
ne nous auez vous point laissé quelque
estincelle de vostre belle flamme, de vostre belle ardeur, pour mourir en bataille
contre ceux qui nous veulent oster nostre liberté? Comment! que ces maranes
soyent nos Roys, nos Princes, que le
Gentil-homme François flechisse sous le
commandement estranger! que la France soit adioustee entre les tiltres de ce
Roy de Majorque, de ce demy More,

demy-Iuif, demy-Sarrazin ? que toutes
les nations du monde entendent qu'il
n'y a plus de Royaume de France, que
tout ce qui eſt iuſques au Rhin, ne ſont
plus que les Prouinces de l'Eſpagne, &
que les trois fleurs de Lis ſont maintenant attachees en trophee aux armoiries
tant diuerſifiees de ce Roy vniuerſel ? O
que pluſtoſt la terre s'ouure, que la mer
rompe ſes rampars, nous mourons ſans
y pouuoir donner ordre: mais que laſche-
ment traiſtres à noſtre propre pays, nous
nous allions tous mettre ſous ce ioug
honteux & infame. O mourons pluſtoſt,
mourons le coutelas au poing, mourons
eſpais les vns ſur les autres, mourons vrais
enfans de nos peres, qui pour l'honneur
de la France & pour conſeruer ſa liberté,
ont couuert les plaines de S. Quentin de
leurs corps, celles de Ceriſoles, de Ran-
ty & tant d'autres de ceux de ces Eſpagnols. Comment ? qu'il nous faille ployer
ſous ces Caſtillans ? Hé, n'auons nous pas
encores cent Seigneurs en Frāce, qui cre-
ueront pluſtoſt mille fois que de quitter à quelque eſtranger que ce ſoit, le
droit qu'ils peuuent auoir à la Couronne, pres la maiſon Royalle ? Cent Sei-

gneurs (dis·ie) qui ne ſçauroient lire
vn chapitre de nos hiſtoires, qu'ils n'y
trouuent les excellens faits d'armes de
leurs anceſtres qui ont perdu la vie aux
batailles, que la France à tant de fois
donnees à l'Eſpagne, & à tous les autres
ennemis:anceſtres qui ont touſiours eſté
les pilliers aſſeurez ſur leſquels l'Eſtat &
la Couronne ſe ſont affermis : anceſtres
qui ont acquis, conſerué & recõquis par
leur ſang, leurs moyens, & leur valeur,
la plus grand part de ce beau Royaume:&
qui partant ont tranſmis à leurs enfans le
grand droit qu'ils auoient apres les Princes du ſang, en ce qu'ils ont tant aydé à
acquerir & conſeruer : droit qui les met,
ſans doute, par deſſus tous ces eſtrangers,
qui ſous pretexte de ſecours ont dés long
temps iuré noſtre ruyne. C'eſt pourquoy
auſſi nous voyons que l'Eſpagnol en veut
tant à ces Grands là, & à toute la vraye
Nobleſſe Françoiſe, contre laquelle il
fait tous iours enuenimer le peuple de
plus en plus, ſçachant qu'il ne peut ietter
le fondement aſſeuré de ſon vſurpation
que ſur la ruine entiere de noſtre Nobleſſe, qui eſt du tout incompatible auec luy.
O qu'il ſçait aſſez qu'elle ne s'accommo-

dera iamais à aller tous les premiers iours
de l'an, achepter la Bullette du Castillan,
qui luy permettra, s'il luy plaist, de porter son espee, ainsi qu'il est notoire qu'il
faut que face si peu qui reste de Gentils-
hommes au Royaume de Naples, afin
que si quelqu'vn est remarqué en toute
l'annee n'auoir esté assez humble à vn co-
quin de naturel Espagnol, on luy face
ceste honte au bout de l'an que de luy o-
ster son espee sans luy dire pourquoy?
Qu'il sçait assez que nostre Noblesse ne
pourroit pas endurer de voir toutes les
forteresses entre les mains des Castillans,
comme il faut qu'elles y soient generale-
ment toutes par ses maximes d'Estat qu'il
a iusques icy fort soigneusement prati-
quees. Qu'il sçait assez qu'elle ne pourroit pas tant se contraindre que d'aller
adorer tous les Vice-Roys qu'il nous en-
uoyeroit les vns apres les autres. Bref
qu'il sçait assez que la Noblesse Françoise aura plustost la gorge couppee que l'a-
me Espagnolle. Et voylà pourquoy nos
Predicateurs esblouys de la lueur de son
or, & ensorcelez des grádes esperáces des
Abbayes & Euefchez qu'il leur promet,
par la spoliation de ceux qui les tiennent

auiourd'huy, fondee fur le Concile de
Trente, ne nous crient, ne nous tempe-
ftent autre chofe, finon qu'il nous faut
deffaire de toute cefte Nobleffe qui ne
fert de rien qu'a nous brauer, & qu'il en
faut faire perdre toute la race. Commét?
que nous eftouffions les enfans de ceux
qui ont fait reluire l'eftendart François
iufques au fonds de l'Oriét? qui ont pouffé dans les Cieux le nõ de l'honneur de la
France, que nous maffacrions ceux que
la nature féble auoir creez pour vn mo-
delle de valeur & de proüeffe? bref, que
nous rougiffions la France, du fang de
fes plus chers enfans, à l'appetit de ceux
qui ont pratiqué le femblable en Flandres, ayans commencé par les Comtes
d'Aigmont & d'Orne, que cent mil perfonnes peuuent tefmoigner eftre morts
tres-bõs Catholiques, la Croix en la main
apres s'eftre confeffez à vn Preftre à la
veuë de tout le peuple, & qui ne furent
bourrelez par l'arreft Efpagnol que
d'autant que l'amour de leur pays, & de
ceux qui eftoient nais en mefme terre
qu'eux, ne leur permettoit pas d'endurer les executiós d'vne abfoluë tyrannie,
& qu'vn faquin de Caftillan rauift à leurs

yeux vne fille riche de cent mil efcus?Ce-
fte cruauté fut-elle refroidie par la mort
de ces deux paunres Seigneurs, ou fi elle
s'eft toufiours embrafee de plus en plus
iufques à ce qu'elle a eu confommé
entierement tout la Nobleffe? Et de fait?
qu'eft-elle deueuuë en tout la Flandre,
Ou font maintenant tant de grandes &
illuftres maifons defquelles toutes les
hiftoires font plaines?O pauure Nobleffe
Françoife!Faut-il que quelque iour l'e-
xemple de ta ruine entiere ferue aux autres natiós pour fe garder de l'Efpagnol,
& que celle de tes fi proches voifins ne te
puiffe auiourd'huy toucher le cœur?Mais
de quoy nous foucions nous tant de cefte
Nobleffe? quand elle fera vne fois toute
efteinte, nous ne payerons paraduanture
plus de tailles ny de daçes : non fans doute, nous n'en payerons plus, fi non comme à Naples & à Milan, d'ou en font ve-
nuës toutes les inuentions. Ne voyons
nous pas comme on a defia commencé à
nous en defcharger? on nous a iettez à la
guerre fous le pretexte du bien public &
l'efperance du foulagemet des tailles:&
nous ny auons trouué que feu que fang,
que faccagemens , que rauiffemens de
femmes

femmes & filles, & au bout les tailles re-
doublees & accompagnees d'infinies
nouuelles fortes de daſſes & d'emprunts :
Mais il ſembleroit à nous ouyr parler que
nous baloterions la vie de noſtre Nobleſſe, & que nous peuſſions, ſi nous vouliós
tout preſentement, luy couper la teſte
d'vn ſeul coup : ô que nous en ſommes
bien loing ! c'eſt elle qui nous chaſtiera,
comme les plus traiſtres à noſtre pays,
& les plus ingrats qui ſoient au monde,
& qui, ſans doute, meritions de naiſtre
parmy les naturels eſclaues du Caſtillan,
& non pas en ceſte belle liberté Françoiſe. Ne voyons nous pas que preſque tous
les Gentil-hommes ſont dés long temps
armez contre nous, & que les autres pour
ne point engrauer ſur le front de leur poſterité, vne ſi honteuſe tache de trahiſón
(ou manifeſte en s'armant contre le Lis,
ou couuerte en croupiſſant en leurs mai-
ſons pendant ceſt embraſement public)
s'apreſtent pour bien toſt paroiſtre, comme enfans courageux, aux grandes iournees de bataille que la France leur mere,
la France genereuſe donnera à l'Eſpagne,
ſi elle luy trouue aſſez de cœur & de force pour vouloir cóbatre. Qu'il ſerá diffi-
                      C c

cile de vaincre ceste Noblesse toute con-
iointe ensemble, laquelle estant encores
separee & combatant contre la necessité,
a desià neantmoins emporté de si grandes victoires: ceste Noblesse qui est tousiours suyuie par tous les bons soldats,
qui sont aussi les sauuageons sur lesquels
par la prouesse elle est entee: ceste Noblesse secouruë par les belles & fortes armees de ces puissantes nations de tout
temps alliees & amyes du nom de la Fráce, ou ennemies de la tyrannie Espagnolle, & qui en veulent auiourd'huy empescher l'accroissement: ceste Noblesse có-
duite par de si excellens Capitaines, qui
malgré tous ces vents turbulens de sedition, & au grand regret de l'Espagnol,
nous restét encor de la fureur de nos miserables tempestes: ceste Noblesse ani-
mee & enflammee à la guerre par l'aspect
de ces astres brillás, de ces enfás de sainct
Loys, de ceste race guerriere qui ne peut
mourir qu'au milieu des grandes batail-
let:bref ceste Noblesse effroyable aux armes, qui ne sçait que c'est que de reculer,
non pas mesmes d'auoir peur, qui tousiours couppe, tousiours tranche, tousiours poulse, tousiours passe auant:quoy?

qu'elle foit vaincuë, qu'elle foit tarraffee par ces Caftillans & François reniez? eft-ce fur cela donc que nos efperances font appuyees? eft ce de la que nous attendons ce repos, ce temps heureux qu'on nous a tant de fois promis. Mais fans nous flat-ter & nous tromper nous-mefmes, com-ment pouuons nous efperer ce fiecle d'or des forces de l'Efpagnol, à la pointe de l'efpee, fans faire aucune paix, veu que nous voyós la Flandre plus diuifee, mife-rable & defchiree qu'elle ne fut iamais, encores qu'il y ait employé depuis fi long temps tout ce qu'il auoit de moyens au monde. Voulons nous bien cognoiftre l'impoffibilité de nos fouhaits, & en quel-le fondriere de miferes, outre la perte de noftre liberté nous nous allons ietter: donnons à ces Efpagnols fix batailles gaignees, (encores qu'ils en auront plu-ftoft perdu cent qu'emporté deux) com-bien d'annees de guerre, (c'eft à dire pour noftre regard, de toutes fortes d'afflictiós & de miferes) leur baillerons nous, pour forcer cent puiffantes villes & conquerir plus de trois quarts de la France, qui font refolus d'endurer toutes les extremitez du monde, pluftoft que de recognoiftre

C ij

sous quelque tiltre que ce soit, autre que
leur Roy legitime, que Dieu, la nature &
les loix du Royaume, leur ont donné. Il
faut donc refondre ce vieil Roy, à fin
qu'il puisse viure quatre-vingts & dix
ans, ou bien nous voilà sans secours, au
milieu des guerres ou nous nous serons
embarquez: voylà au plus fort de la tempeste le grand patron noyé, & incontinét
apres vn miserable bris de nauire auparauant pompeux & plein de vent: voylà chacun qui se tiendra à sa piece: Qui
doute que les gouuerneurs de ces Estats
tant diuisez ne se seruent du desir de liberté, qui brusle auiourd'huy tous ces
pauures esclaues de l'Espagnol, ne s'en
seruent dis-ie, pour s'approprier les pays
qu'ils tiendront. Et voylà lors tous nouueaux conseils, nouueaux desseins, nouuelles alliáces: Voylà ceux que nous estimons auiourd'huy les plus grands ennemis de nostre Roy, qui pour se maintenir se feront ses seruiteurs. Pendant ce
grand tremblement de l'Empire Espagnol, que deuiendront ces belles forces,
desquelles les Iesuistes nous veulent auiourd'huy contraindre de croire, sur peine d'estre declarez heritiques, que toute

noſtre Religion Catholique depéd? Mais figuroñs nous ce quieſt neantmoins cõme impoſſible, que tant de peuples qui n'attendent que ce iour là, pour à quelque pris que ce ſoit, ſe deliurer de leur miſerable ſeruitude, s'endorment quand il ſera venu : perſuadõs nous que les Portugais, les Nauarrois, les Flamens, & meſmes es Arragonois, Neapolitains & Milanois, qui ne s'enquierent en particulier d'autre choſe que de la ſanté du Roy Catholique, demeurent engourdis, quád ceſte tant deſiree nonuelle de ſa mort leur ſera apportee: ſi eſt-ce qu'à prendre tout au mieux nous voylà entre les mains d'vne fille, à laquelle deſ-maintenant on nous veut donner: Comment ! faire tomber la France en quenouille : Et que tous ces Alexandres & Cæſars François, aux anceſtres deſquels les Meroüees, les Clodions, les Charlemagnes, les Philippes, Auguſte, & de Valois, les Charles huictieſme, les Fráçois, premier, & Henry ſecód, n'ont iamais peu ſuffire pour eſteindre leur ſoif de combattre, que toutes ces ames martiales ſoient ſujettes à vne fille? Et qu'au lieu d'vn grand Roy que nous auons accouſtumé de voir au front

de nos batailles duquel le seul regard
anime, enflamme & r'emplit d'ardeur,
les courages de trente mil hommes qui
vont sacrifier leur sang & leur vie a la
gloire, l'honneur & à la grandeur de la
France, & a la vengeance de leurs peres
tuez en trahison par ces Marranes : Au
lieu d'vn Achille couuert d'armes toutes
brillantes de feu, & esclatantes iusques
dans les nuës, qui va de rang en rang auec
vn visage riant promettre la victoire toute certaine à six mil Gentils-hommes Fráçois qui bouillent d'impatience d'aller
passer sur le ventre à tout ce qu'ils voyét
deuant eux : Qu'au lieu , dy-ie d'vn tel
Roy, nous ayons pour maistresse, pour
souueraine vne Espagnolle ? laquelle au
milieu d'vne douzaine de vieilles Mores
en vn cabinet reçoiue les despeches de
l'Escurial, & ne pense qu'a obeir a son
pere qui commanderoit par ce moyen
superbement à toute l'Europe ? Et que
d'oresnauaut au lieu de coursiers, de ie-
nets, de lances, de piques, de harnois,
& de toutes sortes d'armes , desquelles
la Cour de nos Roys a esté tousiours rem-
plie, que nous ne voyons plus que cou-
ches,que litieres, qu'affiquéts, que pein-

tres, que fards, que vermillons, que blanc
d'Espagne, & toutes telles sortes de luxes
& delicatesses de femmes: lesquelles nous
amolissent & changent nostre naturel
genereux, braue, hardy & courageux, en
humeurs toutes côtraires: à fin que comme ceux de Lydie nous nous enfoncions
mieux en nostre seruitude sans moyen
d'en sortir iamais. Et que tousiours incer-
tains de nostre condition, sans sçauoir
qui sera nostre maistre, nous soyons as-
sujettis aux mieux peignez qu'vne femme voudra choisir & rechoisir pour ma-
ris: De sorte que tous les plus grands Seigneurs au lieu d'aller chercher aux despens de leur vie la gloire & la reputation
au milieu des armees, s'amusent en vne
Cour à se farder le visage, teindre les che-
ueux, à se parer & diaprer, pour plaire à
celle qui en vne nuit leur pourroit mettre la Couronne sur la teste, & les faire
imperieusement commander à tous ceux
qui cependant seroiét à la guerre à se faire
desfigurer le visage de coups. Non, non, la
France ne s'acquiert pas ainsi, la France
ne se donne point en dot, pour estre Roy
de France il faut estre nay Roy de
France, *Vitam tibi contulit idem Impetriumque*

dies. Tous les grands Empires qui ont
esté au monde, mesmes celuy que Dieu
auoit estably sur son peuple, & ceux qui
florissét auiourd'huy en Allemagne, Tur-
quie, Perse, Tartarie, Afrique, la Chine,
ne cognoissent point les fuzeaux, ains les
seules lances. La Couronne Françoise
la premiere, plus ancienne, plus Au-
guste de toutes celles qui sont sur la terre,
qui a planté ses trophees sur le Nil, le Ti-
gre & l'Eufrate, & dans la Cité Impera-
trice de Constantinople, en ceste suite si
longue de plus de douze cens ans, n'a iamais violé la Loy Salique, la loy fonda-
mentale de ce grand Estat, escrire dans
les plus anciennes chartres, tesmoignee
par tous les Historiens, & par les plus anciens Docteurs d'Italie, & pratiquee toutes les fois que les occasiós s'en sont pre-
sentees. Quand Childebert fils du premier Clouis deceda il laissa deux filles,
lesquelles toutesfois n'heriterét à la Couronne, ains Clotaire son frere premier
du nom y succeda. Cherebert fils de Clotaire laissa trois filles qui ne succederent,
ains Sigisbert : Gontran laissa vne fille
Clotilde qui ne succeda, ains Childebert. Entre les successeurs de Capet. Loys

Hutin laiſſa Ieanne de Françe(de laquelle noſtre Roy eſt deſcendu : de ſorte que
toutes les diſputes qu'on fait contre la
loy Salique ſont inutiles, d'autant que les
deux droits ſont fondus & conſolides en
vne meſme perſonne.) Ceſte Ieanne ne
ſucceda point eſtant rejettee par la loy
Salique, ains Philippes le Long par la reſolution des trois eſtats de France aſſem-
blez à Paris . Philipes le Long n'ayant
laiſſé que quatre filles, Charles le Bel luy
ſucceda : & luy n'ayant laiſſé qu'vne fille,
Philippes de Valois vint à la Couronne
par reſolution tres-ſolemnelle des trois
Eſtats de France, ou ſe trouuerent tous
les plus grands du Royaume, & où toutes les raiſons contraires furent treſ-am-
plement deſduites, dequoy la Chroni-
que de ce temps parle en ceſte ſorte, *Tan-*
dem opinionibus & altercationibus ſopitus per
principes & regni ſapientes concluſum fuit &
etiam determinatum quod regnum eo quod de
conſuetudine & ſtatutis eiuſdem in genus fœ-
mininum deſcendere non valebat, Comiti de Va-
leſio Philippo pertinere debebat. Et l'Empereur Charle quatrieſme, en dit autant és
memoires qu'il a eſcrit luy meſme de ſa
vie, que Philippe vint à la Couronne, *qui*

Cc v

de consuetudine regni filiæ non succendunt.
Charles huictiesme laissa deux sœurs filles du Roy Loys onziesme? & neátmoins
Loys douzisme vint a la couronne, &
apres luy François premier, encores que
Loys douziesme eust laissé deux filles : &
de nostre temps Charles neufiesne laissa
vne fille ,& neantmoins Henry troisiesme
succeda, sans qu'on ait ouy parler d'aucune doute. A ceste loy Salique nee auec
la couronne, voire apportee d'Allemagne, ou on vse encores auiourd'huy de
pareil droit, en tous les grands Estats: à
ceste saincte coustume & obseruáce toufiours inuiolablement gardee (afin de ne
s'arrester à vne dispute du nom quand la
chose est certaine & notoire) nous deuons
fans doute la naissance, l'accroissement
& la conseruation de ceste grande Monarchie : Car si ceste lógue suyte de soi-
xante-quatre Roys, tous courrageux &
quasi tous grands Capitaines eut esté en-
tre-couppee, voire du tout rópuë par la
succession & les regnes mols & honteux
de femmes nees a la peur, à la legereté &
à l'imprudence, iamais iamais les fleurs
de Lys ne fussent montees en ce haut degré d'honneur & de gloire, qui les fait

encores auiourd'huy reluire(malgré toutes les pratiques toutes les trahisons,tou-
tes les menees de l'Espagne) par deslus
tout ce qui est de plus beau, de plus superbe & de plus orgueilleux au monde.
Il est vray que ceste race de Bourbon,
descenduë de Robert fils de sainct Louys
n'est pas assez courageuse il la faut reiet-
ter : cela est sans doute, ils sôt tous morts
en leurs maisons cazaniers, Côme Pierre
de Bourbon qui fut tué le dixiesme Septembre 1356. à la iournee de Poictiers
Iacques & Pierre de Bourbon à la iournee de Brunay pres de Lyon. Louys l'an
1415.à la iournee d'Azincourt, en laquelle Iean Duc de Bourbon fut pris : François à la iournee de saincte Brigide le
iour saincte Croix enSeptébre 1515. Iean
oncle de sa Majesté en la iournee sainct
Quentin.

Couché sur vn môceau de haZardeux gés d'armes
Ouuert d'vne grand plaie au trauers de ses armes
D'vn coup de pistolet, & desgoutant parmy
Son heroïque sang, le sang de l'ennemy.

Anthoine Roy de Nauarre, pere de sa
Majesté, deuant Rouen, sans que nous
oublions son ieune frere Louys dernier.
Ie ne parle que de ceux qui sont morts
Cc   vj

aux sanglantes iournees, car de vouloir
mettre en compte les batailles qu'ils ont
donnees, où ausquelles ils ont fait les plus
signalees & plus furieuses charges me-
nans l'aduantgarde, il faudroit d'escrire
l'Histoire de France depuis sainct Louys,
car il ne s'est donné vne seule bataille, en
laquelle les Bourbons ne se soient trouuez à la teste des esquadrons François, &
en plusieurs ont esté generaux de l'armee,
mesmes de nostre temps, l'heureuse iournee de Cerisoles ne fut-elle pas emportee
le lendemain de Pasques 1544. par Monsieur d'Anguien oncle paternel de sa Majesté : à la valeur & courage nompareil
duquel, tous les Capitaines confesserent
que l'honneur de la victoire estoit deu :
s'estant ietté au plus fort du combat à la
teste de nostre Fanterie que les Espagnols
& Allemans auoient cómencé à esbranler, où il fit des actes de proüesse si admi-
rables que les anciennes histoires n'ont
rien de semblable, n'ayát perdu que deux
cens hommes, & fait mourir sur le champ
quinze mil des ennemis, auec ga'n de
quinze canons, huict mil corselets, trois
cents mil liures en argent, & vne extre-

me quantité de viures & de ponts de
cordes, où furent trouuees les menotes
de fer que l'insolence Espagnolle prepa-
roit pour nostre Noblesse, qui leur fit bié
cognoistre que ce n'est pas vne œuure facile que d'enchaisner des Gentils-hommes François. Il s'est trouué des races
abondantes en hommes courageux, mais
celle-cy est le courage mesme, c'est la valeur, c'est la victoire, comme on appelloit
anciennement ceux qui gaignoient les
deux pris aux ieux Olympiques, non pas
victorieux mais victoires. C'est vne chose estrange, qu'excepté ceux q̃ leur profession Ecclesiastique à retenus, presque
tous les autres de ceste maison Royale
n'ont eu autre cercueil que le champ des
batailles : Ils ont conserué au pris de leur
sang ceste Couronne, & nous voulons
l'arracher à l'aisné de la maison quand
elle luy est escheuë : Il y a trop long temps
que la race du fils aisné de S. Louys regne heureusement sur nous, il faut reiet-
ter la ligne masculine du second, en ré-
compense de ce que sous ce grand & S.
Roy les François ont obtenu l'honneur
des armes sur les plus guerrieres & vail-
lantes nations de la terre, par les grandes

& illuſtres batailles & victoires qu'ils
gaignerent ſur les Angloys en France, ſur
les Turcs & Mammelucs en Ægypte : ſur
les Afriquains en Barbarie : les ſur Ita-
liens & Allemans à Naples, ſans pluſieurs
autres que les croiſez partis de France
gangnerent ſur les Gibelins d'Italie, &
ayderent à gaigner en Eſpagne ſur les
Maures. En recompenſe de tant de me-
rites, ingrats que nous ſommes, s'il eſtoit
en noſtre puiſſance nous voudrions auiourd'huy contre l'approbation de la
Loy Salique faite en l'an 1589. generale-
ment par tous les François qui ont recognu, les vns le nepueu aiſné & chef du
nom & des armes, les autres le deffunct
oncle ; mais tous l'excluſion de ceſte
belle Infante : Si nous pouuions, di-ie,
nous changerions ceſte race qui eſt trop
guerriere pour nous, qui voulons d'oreſ-
nauant deuenir effeminez & eſclaues
d'vne Eeſpagnolle, laquelle nous plan-
terions au frontiſpice de l'Egliſe Noſtre
Dame de Paris, auec ſon ſcofion & ſon
aiguille aupres de ces Hercules François, qui ont eſté l'eſpace de douze cents
ans l'effroy & la terreur de la terre habi-
table. Non, non, ſi les hommes eſtoyent

fi ftupides, fi infenfibles que de ne refi-
fter courageufement à vn tel opprobre
au nom François, fans doute les chofes
inanimees mefmes ne l'endureroient pas:
Ces temples fuperbes, ces tours fourcil-
leufes qui voifinent le Ciel, ces palais do-
rez qui furpaffent l'orgueil, la magnificé-
ce & la fumptuofité de tous les edifices
du monde accableroient pluftoft de leur
ruynes ces monftres, ces baftards de la
France, ces traiftres à leur nom & a leur
païs & tous ces eftrangers auec eux, que
d'endurer li'nfolence du commandemét
d'vne femme Efpagnolle.

Sans cefte fainéte loy Salique vray
Palladium de la France, ainfi que l'appelle Paul Æmile, nous euffions veu plu-
fieurs fois des eftrangers par le moyen
d'vn mariage mettre le pied fur la gorge
de toute cefte braue Nobleffe, voire des
Princes du Sang de nos Roys: Et au lieu
que la France a cela d'excellent que par
cefte loy elle eft hors de crainte de tout
commandement eftranger, & qu'elle
voit la fuitte affeuree & l'ordre certain
de ceux qui peuuent regner fur elle par
vne fucceffion legitime, au lieu de cela
fans cefte loy facree & engrauee dans le

cœur de tous les vrays Fraçois, elle seroit
en perpetuelle apprehenſion d'vne ſeruitude miſerable, de laquelle ceux qui ont
ietté les fondemens de ceſte grande Monarchie ſuiuant les mœurs de leur origi-
ne l'ont voulu à iamais garentir, cognoiſ-
ſans auſſi le naturel de leur peuple trop
guerrier, trop martial, trop bruſque pour
eſtre gouuerné par les mains d'vne femme, & que les bouillons de noſtre nation
ne peuuent eſtre temperez que par vn
Roy.

Pour trácher ce poinr, la Fráce eſt la mi-
gnóne de la nature, c'eſt le partage qu'elle
s'eſt reſeruee pour en diſpoſer toute ſeule, ſans que les contracts, les conuentiós,
les eſlections, ny toutes les negotiations
des hommes y puiſſent rien. Et quand nos
voiſins ſe ſont efforcez d'eſbranler noſtre
loy Salique, nous auons couuert les campagnes de nos puiſſantes armees : Nous
auons donné batailles ſur batailles ſans
auoir iamais voulu faire treue ny ſurcean-
ce d'armes auec l'eſtranger qu'il n'ait eſté
chaſſé : non plus que les Romains auec
Pirrhus ou Annibal tant qu'ils furent en
Italie : & en bonne & mauuaiſe fortune,
nous nous ſommes reſolus de nous entre-

rer pluſtoſt tous dans les cendres de noſtre pays, que d'obeyr à vne femme, ou
aux deſcendans d'vne femme, & laiſſer
arriere ceux qui en droite ligne maſcu-
line venoient de l'eſtoc & du ſang genereux des Roys de la fleurs de Lis. Bref
quand il n'y aura plus que des femmes en
France, que tous les hommes ſerõt morts
à la guerre, l'Infante d'Eſpagne y pourra
commander : mais tant qu'il y aura deux
mil François qui ſe pourront r'allier enſemble, ils auront vn Roy l'aiſné de la race de ſainct Louys, & n'obeyront iamais
à ceſte infante, laquelle peut bien deſ-
maintenant voüer virginité ſi elle ſe re-
ſoult de ne ſe point marier qu'elle ne face
ſon mary Roy de France.

A ce que ie vois donc par ces beaux
deſſeins, le Roy d'Eſpagne n'eſt pas tant
pouſſé d'vn ſainct zele, & de la conſideration de noſtre religion, comme il a en-
uie d'auoir vn gẽdre Vice-roy de France,
qui nous maſtine ſoubs les mandemens
de ſa Maieſté, iuſques à ce que toutes nos
fortereſſes ſoient entre les mains des naturels Caſtillans, & lors on luy fera chan-
ger de place auec le Vice-roy de Naples ;
voylà le zele, voylà le deſir de ce Roy

d'Espagne, voylà son ardeur qui ne vieil-
lit iamais : & ne faut pas qu'en feignant
de mespriser, à cause de son aage, la Couronne de France, & de se contenter des
Royaumes, Duchez & Comtez qu'il en
a arraché, & desmembré iusques icy, il
nous pense piper, car nous sçauons trop
bien que l'auarice & l'ambition ont cela
de particulier, qu'elles croissent à pro-
portion que les autres passions diminuét,
la ieunesse en est destournee par diuers
plaisirs, mais à mesure que l'aage les af-
foiblit, ceste ambition (principalemét en
ceux qui sont nais Grands) entre en leur
place, s'augmente & prend tous les iours
de plus fortes racines. Mais quand nous
ne recognostriós point en cét Espagnol,
vn desir insatiable de s'accroistre, sous
quelques pretextes que ce soit, le soing
qu'il doit auoir de ses enfans, & l'apprehension de leur laisser en teste vn si grand
ennemy, & tout ensemble vn si grand
Roy que le nostre, estimons nous en conscience qu'elle ne le touche d'aussi pres,
qu'elle ne le pique autant au vif, que nostre particuliere consideration ? Voulons
nous encores bien plus clairement cognoistre son sainct zele ? Pour combien

voudroit-il (ie vous supplie) qu'il n'y euſt aucun different de Religion en la Chreſtienté, & que nous fuſſions tous en repos: pour combien voudroit-il que (cóme Dieu à vn ſoing particulier des gráds Princes) qu'il euſt inſpiré la Religion Catholique en noſtre Roy. Et que par ce moyen tout pretexte eſtant oſté nous fuſſions en paix. Quoy? ſi nous eſtions deſ-maintenant d'accord ſous l'obeiſſance d'vn ſi grand Roy, ſe tiendroit-il bien aſſeuré au fond des Eſpagnes? Ne craindroit-il point qu'ayans recóquis ce qu'on luy a vſurpé en ſon Eſtat de Nauarre, pouſſé d'vne iuſte douleur, par vn legitime droit de guerre, il s'en allaſt victorieux, ioignant les ſeptres aux ſeptres & les couronnes aux couronnes N'eſt-ce pas cét Alexandre François, que l'Aigle de l'Empire voyant deſià orné de deux belles couronnes, commence à careſſer, deſirant ioindre ces deux nations inuincibles, & ces forces fraternelles enſemble: n'eſt-ce pas ce Roy de la Fleur de Lis, au viſage long, au grand nez, qui eſt appellé par les anciennes Propheties, à la ſeigneurie du monde, ce grand Roy qui nous a tant eſté promis.

Vaillant Monarque, inuincible, inuaincu,
Victorieux, autour de son escu,
(Frayeur, horreur, des guerres eschaufees)
Naistront lauriers & palmes & trophées:
Et par sur tous fera voir aux François
Que vaut l'honneur acquis par le harnois.
Nul ne vaincra ce Roy de courtoisie:
Mais quand l'espee au poing aura saisie,
Nul tant soit fort & puissant Empereur
N'euitera de ce Roy la fureur.

C'est doncq (à ce que ie vois) pour empescher les victoires d'vn si grand Roy
qu'on prend tant de peine à nous faire
crier aux aureilles qu'il est relaps, luy qui
n'eut iamais autre Religion que celle de
sa mere & qui n'est entré en nos Eglises
qu'vne fois, & le cousteau sur la gorge:
n'est-ce pas aussi pour cela qu'en deniant
la toute puissance de Dieu, par vn vray
blaspheme on l'appelle impenitát, cóme
s'il ne pouuoit luy toucher le cœur? n'est
ce pas pour cela qu'on appelle heretiques
tous ceux qui sont d'aduis de l'instruire,
(comme il l'a tousiours offert) afin qu'en
luy monstrant la verité par les viues raisons de nos bons Euesques on le ramene
en nostre Eglise, non à coups d'espee,
mais estant le plus fort, estant le victo-

rieux non par crainte, mais par zele: non
pour s'asseurer ses deux Couronnes dela
terre, mais la troisiefme du Ciel, il faut
ainsi crier, pour seruir fidelement le Roy
d'Espagne noftre bon maiftre, autrement
les affaires de sa Majefté iroient mal si ces
François s'accordoient vne fois ensemble.
O pauures miserables ! nous laisserons
nous toufiours ainsi tromper par ces traiftres qui sont tous les mois payez de leurs
pensions pour la peine qu'ils ont à nous
acharner les vns côtre les autres & à nous
faire croire que toute la Fráce seroit Hu-
guenotte si elle eftoit en paix. Pensez que
la Nobleffe Catholique, toutes ces grandes villes aussi Catholiques, tant de Princes, & officiers de la Couronne : tant de
Catholiques (dis-ie) ayderont à nous faire perdre noftre religion Catholique : &
que la vingtiefme partie du Royaume
pourra forcer tout lerefte de fuyure son
opinion. Ne cognoiftrons nous donc iamais que ce Roy d'Espagne nous faiĉt
ainsi prefcher afin de nous engager à vne
guerre perpetuelle, c'eft à dire vne per-
dition entiere, pour apres que nous serós
extrememét affoiblis nous rendre ses ef-
claues, & non pas poufté d'vne charité

Chrestienne. Et à la verité, quand est-ce
que nous auons iamais recognu en l'Espagnol aucune charité? N'est-ce pas ceste
charité Catholique, qui nous a osté (par
vne insigne trahison & cruauté plus que
Canibale exercee iusques contre les enfans enfermez dans le ventre des meres:)
la Sicile, la plus belle de toutes les Isles
du monde, & le pris proposé aux tant ce-
lebrees guerres de ces deux anciens peuples courageux: Et comme nous estions
prests de reconquerir l'Isle, il rompit le
coup par le moyen d'vne promesse so-
lemnellement iuree d'vn duel de cent,
contre cent, à iour nommé, à quoy il feit
banqueroute encore que le Pape Mar-
tin quatriesme en fut guarend, qui feit
prescher la Croisade contre luy, comme
homme sans foy, sans parole & sans courage : & qui par vne seconde trahyson a-
uoit empesché la punition de la premiere. N'est-ce pas ceste mesme charité qui
nous a arraché le florissant Royaume de
Naples, & le Duché de Milan, patrimoi-
nes des maisons d'Anjou & d'Orleans, &
qui en outre auoyent cousté tant d'or &
de sang à la France? En quoy est remar-
quable la perfidie insigne de Ferdinand

& de l'Archiduc Philippes fon gendre,
ayeul de noftre ennemy, qui ayans ac-
cordé paix publiee par tout, mefmes à
Lyon, (fur laquelle s'endormit le Roy
Louys douziéme:) s'emparerent de tout
le Royaume de Naples l'an 1503. N'eft-ce
pas cefte mefme charité qui nous retient
la fouueraineté de Flandres, & du Comté de Bourgongne? Qui nous a volé la
nouuelle France, qui eft encores arrou-
fee de belles riuieres de Loire, de Seine
& de Somme? N'eft-ce pas cefte charité
Catholique, qui fuborna par argent &
promeffes le confeffeur d'vn de nos Roys,
par les perfuations duquel il demembra
de la couronne le Comté de Rouffillon?
N'eft-ce pas auffi cefte mefme charité,
cefte mefme humilité Catholique, de laquelle pouffé il nous a voulu ofter noftre
place, & s'affeoir deuant nous? Cóment?
quelle indignité, quelle honte à la France, que ce nouueau venu, ce nouueau
Chreftien que nous auons tiré de l'Alco-
ran & de la Synagogue, qui fans nous feroit encores Sarrazin ou Iuif, qu'il ayt
feulement ofé penfer d'entreprendre de
marcher deuant nos Roys Tres-Chre-
ftiens, fucceffeurs des plus Grands, & plus

anciens Roys du monde? Mais pauures miserables que nous sommes, nous amusons nous encores à disputer nostre rang: ce n'est pas dequoy il est question: il y va bien d'autre chose: ce Marrane veut estre nostre maistre & nous rendre tous ses sujects, ses suiects bon Dieu? Quoy? la France puissante en armes, la France de tout temps la terreur des autres nations, la France qui ne fut iamais assubiectie que par vne necessité de la Prouidence de Dieu, qui vouloit que son fils nasquit sous vn Monarque, laquelle encore estoit lors diuisee en vingt Roytelets: la France que Cæsar a iugé inuincible, si elle se trouuoit iamais sous vn seul Roy: bref la France qui ne tient rien que de Dieu & de l'espee: qu'elle soit maintenant subiecte, qu'elle soit vassale, qu'elle soit esclaue, qu'elle reçoiue des Vice-roys, des Lieutenans Generaux, des Gouuerneurs de l'Espagne, qui a esté fort long temps l'vne de ses Prouinces recognuë encores en l'an 1368. vassale par Henry de Castille pour luy & ses successeurs: qui a tousiours esté au premier conquerant, qui est l'égout, la sentine & le ramas de tous les plus infects & miserables peuples qui

rampent

ramperent iamais fur la terre. O Clouis,
Clouis noſtre bon Roy, la race de ces
meſchans Vviſigots, de la charongne deſquels, apres auoir tué de voſtre main leur
Roy, vous engraiſſates les pleines de
Poiɛtou, qui ne ſe tinrent iamais aſſeurez de la fureur de voſtre eſpee, qu'ils
n'euſſent paſſé les Pyrenees : depuis fran-
chies par voſtre fils Childebert qui tua
Almaric & prit d'aſſault la cité de Tolete:
ceſte meſchante race veut auiourd'huy
ſeigneurier voſtre France: elle veut rédre
eſclaue voſtre peuple.   Mais d'où nous
ſouuenons nous de ſi lonig? ce Roy Philippes ce beau Roy protecteur, n'eſt-il
pas fils de Charles le Quint, ceſt ennemy
iuré de nos Peres, qui aluma plus de feux
en Picardie & en Prouence, que n'euſt fait
le Scithe: qui nous rançóna de trois millions d'or, dequoy nous nous ſommes
touſiours ſentis depuis : qui auoit baſty
tous ſes deſſeins ſur la ruyne de noſtre
Fráce, la fantaſie de laquelle il a laiſſé par
teſtamét à ſon fils. O braues Macedoniens,
qui pleuriez de ioye de voir voſtre Alexandre en la chaire de Darius, & qui n'a-
uiez autre regret, que de ce que vos peres n'auoyent participé à ce grand conté-
D d

tement. Helas miferables que nous fommes, nous voulons mettre Darius en la
chaire d'Alexandre, l'Efpagnol au trof-
ne Royal de la France, le Roy Philippes
dans le Louure. O François premier tô
Henry fecond, nos bons Roys, refufcitez
pour vn peu : ne voyez vous pas voftre
grand & mortel ennemy qui occupe voftre Eftat, roftre Couróne, voftre ville de
Paris, voftre Palais, voftre Louure : qui en
prend defià poffeffion par fon Ambafa-
deur, apres auoir fait mourir les deux
derniers de vos enfans? Grand & genereux Prince Philippes d'Efpagne, fi ta bô-
ne fortune ne ta efleué à l'Empire côme
ton pere : au moins l'as tu bié furpaffé en
fes valeureux exploits, d'efteindre les
Princes de France: Il ne s'eftoit ofé feruir
que du poizon de fon *de Monte Cuculo*
executé à Lyon, & fi des trois enfans du
grand François il nous en auoit laiffé vn:
mais toy, tu es venu à bout de toute la race de Valois, & fi au poizon fecret de tes
Salcedes, tu as par le moyen de ton Am-
baffadeur, adioufté le coufteau d'vn Iaco-
bin. Pourquoy auffi les euft il efpargnez
fous le pretexte d'alliance, puis qu'il
auoit fait empoizonner fa propre femme

leur sœur, voire estrangler son fils aisné.
Courage donc François, opposez vous
aux iustes armes, aux armes par tout vi-
ctorieuses du grand Henry, que Dieu a
choisi pour vengeur de tant de sang de
Valois, qui luy demande continuellemét
iustice: suyuez gaillards, suiuez les ensei-
gnes de ce bourreau de vos Princes (luy-
uez les estendars de cét assasin & empoi-
sonneur hereditaire de la maison de
France, mettez vous à la bouche des canons de vostre Roy, rougissez la France
de vostre sang, à fin qu'elle deuienne Espagnolle. Pour le moins conseruez en
quelque piece à l'Infante: n'est-ce pas bié
la raison, puis qu'elle est l'aisnee, & que sa
ieune sœur tiét desià le Marquisat de Sa-
luces, le pied qui nous restoit en Italie,
qu'on luy a baillé en auancement d'hoi-
rie, auec quatre cens pieces de canon,
l'Arsenac de nos Roys delà les Móts : cét
Arsenac qui faisoit tout trembler sous le
nom François, cét Arsenac qui faisoit
broncher deuant luy les plus fortes mu-
railles: cét Arsenac qui auoit desià frâchy
le principal rampart de l'Espagnol, en
Italie contre la puissance de nos Roys, &
qui nous restoit vn fort gage pour recou-

urer bien tost Naples & Milan. Pauure
France, helas! pauure France, quel breu-
uage t'a peu tellement assoupir que tu ne
sentes point qu'on te desarme petit à petit, qu'on t'oste tes foudres de la main,
qu'on t'attache à la cadene, pour incontinent apres te ietter en vn fonds de gale-
re, & la te faire miserablement perir sou
le baston de tes vieils ennemis: Ou si tu le
sens bien, si tu le vois bien: quels charme
donc, ma pauure France, t'ont peu tellement troubler l'esprit, que tu cherche
auiourd'huy ta conseruation, ta protection en ceux qui n'ont iamais cherch
que ta ruyne? Et encore que tu escoute
les traistres qui afin qu'on te garrott
mieux a l'aise & sans resistance, te dient
l'aureille qu'on te desliera quád il te plai
ra, & que tu chasseras ces Espagnols tou
tesfois& quentes que tu voudras : cela e
saus doute:Ils sont tous accoustumez à
laisser desraciner de là, où ils ont vne fo
pris pied:Ils ne sçauent pas faire des cita
delles, des grandes & superbes citadelle
cimantees du sang, & basties de la sub
stance des pauures bourgeois : Ils ne sça
uét pas si bien mastiner les villes par leu
garnisons,& les effrayer tellement à for

de potences, de rouës & d'eschaffauts
qu'il n'y a personne qui ose seulement
leuer les yeux : ceux de Portugal, de Naples, de Milan, & de Flandres, en peuuent
bien parler : & sans aller plus loing, qui
est celuyla des maintenant si hardy entre
nous qui ose entreprendre de parler li-
brement contre la garnison Espagnole
que nous auons laissé couler dans ceste
ville de Paris, endormis par nos prescheurs, qu'il ne se voye sur l'heure atta-
ché à vne potence comme heretique &
criminel de leze Majesté diuine & hu-
maine,

O mon pauure Paris tu portes à ce coup
Du cruel Espagnol le lamentable ioug:
Tu sers superbe ville, & Castille esleuee
Fera gloire à iamais de t'auoir maistrisee.

Tous ces voleurs, tout ces sangsuës,
tous ces escorcheurs de peuple, ces seize
& leurs supposts, qui ne viuét, qui ne s'en-
graissent que de nos entrailles, & de leurs
pensions : ne sont-ce pas autant de Ministres de la tyrannie Espagnolle? Ministres
certainement encores foibles, encores
faciles à chastier, auec tous ces bazanez
qui ont remply dix mil de nos enfans, de
leurs puantes & infectes maladies, si nous

auions quelque reste du courage François: mais si nous laissons redoubler ces
garnisons, si nous perdons ceste occasion
d'en deliurer tout a fait la France? si nous
nous laissós endormir à ces belles parolles de nos prédicateurs achetées à deniers
comptans. Helas! combien de regrets à
ce resueil, quand nous nous trouuerons
enchaisnez de tous costez si serré, que
nous ne pourrons nous remuër, non pas
mesmes nous plaindre, ayans sur le ventre le genouil d'vn Castillan, qui nous
tiendra continuellement le poignar a la
gorge pour luy enforcer au premier sous-
pir que nous ietterons. ô que les vœux
viendront tard apres le naufrage, la re-
pentance apres la faute faicte: O Anuers,
Anuers, qui de la plus belle, la plus riche
la plus florissante ville de la terre, as esté
renduë par semblables garnisons Espa-
gnolles, la plus desolee, la plus ruinee &
deserte de la Chrestienté. Est-il possible
que le son de ta cheute, & la renommee
de ton hydeux & effroyable sac, n'ayent
faict sages tous les autres peuples, princi-
palement tes voisins, nous monstrant si
clairement que c'est que de l'auarice insatiable, de la cruauté tigresque, de la sa-

le & monstrueuse luxure de l'Espagnol?
L'embrazement d'vne grande partie de
ton corps: le pillage general des thresors
de toute l'Europe assemblez en tes beaux
Palais: le rauissemét de tes femmes, filles,
& ieunes garçons forcez par ces Mores
en la presence de leurs peres, freres, ma-
ris, liez & garotez aux pieds des lits, &
au bout des tourmens longs & horribles
de tes pauures citoyens, n'ont ils point
faict tressaillir, n'ont-ils point faict trembler tous ceux qui les ont entendus: A fin
de nous oster l'apprehension d'vn semblable sac, & empescher la paix.   L'ambassadeur d'Espagne faict faire des pane-
gyriques de son maistre & de sa nation,
accompagnez de blasphemes horribles
contre la memoire de nostre feu Roy : &
d'vn ramas detestable de toutes les plus
atroces, les plus ordes, les plus abomi-
nables iniures qui se peuuent mescham-
ment inuenter côtre nostre Roy regnant:
Lesquelles sur les memoires de ses Iesuistes, il a fait compiler par l'Auocat de son
maistre en France, moyennant des doublons & des promesses de grandes dignitez & honneurs: qui ont eu tant de force
sur cét ecœruelé impudent & scelerat,

D d iiij

que de luy auoir fait appeller Tres-chre-
stiens les Roys d'Espagne: ce qu'il escrit,
dit-il, afin de faire creuer de despit tous
ceux qui n'ayment point l'Espagnol. Certainement tu ne pouuois pas dire vn mot
plus honteux à toute la France, plus pu-
nissable en vn qui est nay à Paris, plus intolerable à tous ceux qui ont quelque reste de courage & de generosité. Quelle
honte, quelle indignité, que celuy qui se
dit Aduocat de la France, apres auoir côme preuaricateur insigne, rapporté contre les droits & les priuileges de la fleur
de Lis, vn grand nombre de passages
tronquez, escrits en autre sens, & nullement à propos de ce qui se presente, qu'il
a tiré des liures mesmes, de ceux qui y
ont si bien & amplemét respondu (comme ie m'asseure que quand de ceste ville
de Paris, on en aura porté des nouuelles
iusques à eux, ils ne manqueront de re-
plique *aduersus hominis furiosi non orationem,*
qua ille vti non potest, sed conuitia, quorum
exercitationem cum intolerabili petulentia tum
etiam diuturna impunitate muniuit,) Qu'au
bout, dis-ie, pour vne catastrophe digne
de son discours, il soit si hardy que d'ad-
iouster aux autres tiltres superbes de l'Es-

pagnol, ce nom de Treschrestien, acquis
par nos Roys, au despens de tant de sang
François. O trompette de guerre, flambeau de sedition, qui as participé d'ayde
& de conseil à la mort miserable de deux
millions de pauures François que le fer,
la famine, la necessité, l'afflction & la
misere extresme ont emporté depuis l'an
85. que tu commenças à nous entonner si
furieusement la guerre, auec mille impo-
stures, mille mensonges nouueaux, que
nous auons honte de lire maintenát que
le temps nous a fait cognoistre tout le
contraire : Tu preuois bien qu'il te faut
mourir de douleur & de despit, si on trouue moyen de calmer ceste mer que tu as
tant oragee & tourmentee. C'est pourquoy voyant vingts François assemblez à
Suresne pour apporter soulagement à
tant & tant de si pressantes miseres, Tu es
venu tout d'vn coup en ce mesme point,
en ce mesme instant, comme vn Alecto,
comme vne Megere, & furie infernale,
vomir le venin & le poizon que tu cou-
uois de long temps, & gardois pour le
respandre lors que cét Ambassadeur
d'Espagne te le commanderoit en ces
mots,

D d v

Diffice compofitam pacem fere crimina belli,
Arma velit, poſcatque ſimul, rapiatq; inuentus.

Ayde nous a rompre ceſte paix & toute ceſte conferance : tu peux, quand il te plaiſt auec ton ſtil, eſmouuoir toute la France: tu dreſſeras en 85. ce diſcours du Catholique Anglois qui a tant aidé à exciter ces tragedies & emflammer ces longues guerres: c'eſt a ce coup qu'il faut mieux faire que iamais, c'eſt a ce coup qu'il faut du tout embrazer le ſang genereux de ceſte nation guerriere, c'eſt à ce coup qu'il faut du tout abbatre l'orgueil des fleurs de Lis, leſquelles pour ne plus ſentir tu as il y a long temps mis ſous le pied : c'eſt à ce coup qu'il faut attacher aux François les tiſons de diſcorde, & les viperes dans le ſein : afin que leur premiere querelle fœcóde en maux, fœconde en morts, pour le mieux moiſſonner dure touſiours : ie veux, plus que iamais voir foudroyer ces Gentils-hommes François les vns contre les autres, ie leur veux voir les meſmes armes, les meſmes coutelas en main pour s'entre-égorger tous furieuſemét: ie les veux voir courans de rang en rang, d'eſcadrons en ſcadrons, s'animer au carnage, ie veux

voir le frere ouurir l'eftomach de fon
propre frere, le pere celuy de fon enfant.
Quoy ? la France fera-elle toufiours rem-
plie de cefte Nobleffe, braue & indom-
ptable aux armes ? n'en fera-elle iamais
efpuifee? faut-il que toufiours non feulement elle arrefte le cours des conqueftes
en Europe de ce grand Roy, de ce grand
Monarque, de ce grand terrien: Mais encore qu'elle le menace de luy troubler
fes eftats, & de luy porter la guerre en
Flandres & à Milan ? Non, non, c'eft trop
duré, c'eft trop acquis de gloire, c'eft trop
continué fes victoires l'efpace de douze
fiecles entiers: il faut que tout prenne fin,
& puis qu'à la grande iournee d'Iury trois
contre vn, ne t'ont peu vaincre Nobleffe
Françoife, & qu'il n'y a plus rien qui t'o-
fe affróter en rafe campagne. Il faut pour
renuerfer ta puiffance, emprunter les ef-
forts de ta puiffance mefmes. Sus donc
enfans de Mars ne rempliffez de rien voftre cœur que de rage, que le fer flamboye
continuellement dans vos poings, entre-
choquez vous furieufement comme La-
pithes, faictes ondoyer fur la plaine voftre fang coulant de vos coftez à gros
bouillons. O la belle bataille en laquelle
D d   vj

la victoire sera tres grande pour nostre
bon maistre le Roy des Espagnes, de
quelque costé qu'elle tourne.

Voylà (premier Aduocat du Roy Philippes) le vray subiect de ton discours
qu'on ne doit pas trouuer estrange puis
que tu as esté nourry en la boutique de
ton pere du sang & de la chair des hommes : aliment qui t'a rendu cruël iusques
la, que tu n'as point de plus grand regret
au móde, que de ce qu'on espargna le ság
de S. Louys (duquel tu as vne soif extreme) en l'annee 1560. en la personne de
ces deux grands Princes, de ces deux freres à Orleans, & en 72. en leurs enfans à
Paris : Tu ne penses qu'aux moyens de
reparer ce que tu appelles vne faute si
lourde:& de fait apres auoir superbemét
insulté sur le tombeau de nostre feu Roy,
& auec vn langage insolent loüé & exal-
té cét execrable & abominable parricide,
condamné & detesté de tous les Princes
non seulement de la Chrestienté, mais
de toute la terre, (excepté ton bon maistre d'Espagne, qui la fait executer,) Tu es
si temeraire que de vouloir menacer nostre Roy qu'on luy fera le semblable. Va
Iesuiste, va faire peur à d'autres. Dieu fait

garder noftre Roy par fes Anges, & partant de fideles fuiects qui ont fa vie en
mille fois plus grande recommandation
que la leur? on ne le peut frapper qu'au
trauers de leur corps bien armez: Pen-
fes-tu donc qu'on tuë tous les iours des
Roys de France: Croy moy, on veoit pluftoft pendre & mettre fur la roüe vingt-
mil de tes féblables que tuër deux Roys.
Voyez François, confiderez deux & trois
fois, confiderez iufques à quel degré : voftre lafcheté, voftre ftupidité, voftre patience honteufe(il faut que ie parle ainfi,
il n'y a remede)a fait monter l'audace, la
temerité & l'infolence de tels miferables,
qui ofent entreprendre de menacer les
Roys? apres auoir de parolles iniurieufes,
outrageufes & fuperbes, foulé aux pieds
les Parlemés venerables & facrez en tous
eftats, mais fur tout en celuy de France:
aufquels il reproche qu'ils ne font point
de Catholiques par la force, par la crainte, par l'aprehenfion des fupplices & des
feux materiels de ce monde. Tu voudrois
dõc faire de noftre religion Catholique,
de noftre religion Chreftienne, vne religion pleine de fang, de feu, de meurtre,
& de toutes fortes de cruautez: au lieu

que c'eſt la douceur, la clemence, & l'humilité meſmes : qui n'a rien en ſi grand
horreur que la violence & la contrainte:
remedes que iamais Dieu n'a fait proſ-
perer, ne voulant qu'on y employe autres
armes que le glaiue flamboyant de ſa parole en la bouche des bons Paſteurs &
Eueſques qui deſracinent plus d'erreurs
en vn iour, que toutes les armees du mõde ne ſçauroient faire en milles ans, auec
la ruyne entiere des plus floriſſants eſtats.
Et de fait conſiderons les progrez & les
ſuccez en Flandres des armes toutes tein-
tes de ſang de ce grand Roy des indes,
duquel on prend tant de peine d'exalter
la puiſſance : Nous trouuerons qu'il y a
plus d'Huguenots & y ont des armees
plus fortes qu'il n'y eurent iamais : &
neantmoins ce Roy d'Eſpagne nous fait
promettre qu'il chaſſera tous ceux de
France, mais pourquoy en laiſſe-il donc
tant en Flandres : Comment eſt-ce que
celuy qui a de ſi excellens & ſouuerains
remedes contre ceſte maladie, ne ſe gua-
rit luy meſmes ? comment veut-il que le
voyás tout plein d'vlceres nous promettre ſanté, nous l'eſtimions pluſtoſt vn me-
decin qu'vn charlatan ? Ie voy bien que

c'eſt, il prefere la maladie à la mort, &
nous conſeille le contraire : & ſi ce n'eſt
cela, pour quelle occaſion eſt-ce donc,
que luy, qui veut eſtre creu vn Ange du
Ciel, ſans lequel nous ſerions tous Huguenots, a toleré à Anuers ceux de la religion contraire : le peut-on denier ? n'en
auons nous pas veu les capitulations? Sõ-
mes nous donc encores de ceux-la qui
croyent, que le Roy d'Eſpagne ne vou-
droit pas auoir ioinct la France à ſes païs,
à condition qu'elle fuſt toute Huguenot-
te? Pourquoy offre-il donc tant tous les
iours à ceux de Holande & Zelande, la
conſeruation de leur religion, ſans qu'il
ſe face aucun exercice de la noſtre, pour-
ueu qu'ils le veulent recognoiſtre ? La
France luy ſeroit-elle en plus grande recommandation que ſon propre pays, où
s'il ſeroit plus degouſté & plus difficile à
s'accommoder en France qu'en Zelande?
Helas ! ſommes nous encores ſi aueuglez
que nous ne cognoiſſiõs pas qu'il en veut
aux corps & non aux ames? qu'il en veut
à la France & non aux Huguenots, ſinon
en tant qu'ils nuiſent à ſon deſſein? autrement pourquoy ne s'accorderoit-il auſſi
bien auec ceux de France, qu'il faiſoit a-

uec ceux d'Angleterre, auparauant qu'ils
luy euſſent pris l'argent qu'il enuoyoit au
Duc d'Alue en l'an ſoixante-neuf, iuſques
auquel acte, il auoit alliance offenſiue &
defenſiue auec ceux qui auoient inimi-
tié iuree auec le Pape? O le grand Catholique! ô le grand protecteur de la foy Catholique?ſô or perdu l'eſmeut & nõ la religion perduë:l'intereſt d'Eſpagne le pic-
qua;celuy de Rome ne le toucha iamais :
toutes les fulminations, toutes les plus
grandes excommunications contre l'Anglois, n'auoient pas eu la puiſſance de luy
faire renoncer à l'alliance d'Angleterre:
mais quelques doublons perdus le firent
auſſi toſt bondir aux nuës.

Qu'on die donc tout ce qu'on voudra,
qu'on crie, qu'on fourdroye, qu'on meſle
le ciel auec la terre , ſi eſt-ce qu'on ne
m'oſtera iamais ces deux maximes, l'vne
que la religion de l'Eſpagnol conſiſte à
s'agrandir , ſon zele à commander à ſes
voiſins, ſon ardeur à deuenir Monarque:
l'autre, que celuy-là ne merite le nom de
Chreſtien qui ne croit, que Dieu ſçaura
mieux cent fois cõſeruer la gloire de ſon
nom, par l'inſtruction des bons Paſteurs,
des bons Eueſques, des bons Curez &

Prescheurs: que l'Espagnol ny autre homme quelconque ne sçauroit faire par les
saccagemens, blasphemes , sacrileges &
rauissemens que la guerre apporte necessairement auec elle. Pensons donc en fin
ie vous supplie, pensons vn peu a nous:
considerons d'vn costé, l'estat heureux de
tant de villes, de tant de Prouinces, qui
sont en l'obeissance de nostre Roy : d'vn
autre costé regardons nostre lamentable
condition, Nous ne viuons plus, nous
languissons miserables attendant chacun
iour la mort, qu'vne si longue famine
nous apporte petit à petit : Considerons
ce que nous entreprenons de faire, qui
est de continuer à remplir la France de
brigandages, de bourrelleries, de faire vn
million de vefues & de pauures orphe-
lins, pour adnancer l'vsurpation estrangere, & nous rendre les plus miserables
esclaues de la terre, à l'appetit de ceux
qui par leurs pactiós secrets s'estans faits
Espagnols n'ont plus aucun ressentiment
des douleurs de la France : au contraire se
resiouissent de ses miseres, s'enrichissent
de ses pertes, s'agrandissent de sa ruine.
Nous pourrions facilement remedier à
nostre mal & ne le faisons pas. Si aurons

nous quelque iour à respondre à ce
Royaume, à nostre patrie, & apres au
grand Iuge, de tant de sang innocent, de
tant de pleurs, de tant de langueurs, & de
cris d'infinies pauures familles mourátes
de necessité deuant nos yeux. Nous aurós
à rendre compte de tant de desordres, de
tant de vices apportez par la guerre, laquelle nous nourrissons par nostre non-
chaláce & timidité : au lieu de nous mettre tous en repos, & faire marcher nos
armees assistees de toutes ces belliqueu-
ses nations nos voisines droit en Espagne,
pour aller abbattre l'orgueil de ces Ne-
gres, qui par nostre stupidité insultent si
fieremét depuis quelques annees au pays
de deçà, nous faisans deffaire par nous
mesmes, & trouuans moyen de triópher
& commander au milieu de nos cruëls
carnages. Et à la verité l'heure n'est-elle
point venuë, qu'il faut aller venger les
cendres de nos peres, qu'ils ont induit
par leurs pensionnaires à s'entresgorger
les vns les autres & commettre tant de
parricides publics. Attendons nous vn
plus grand Roy, vn plus grand Capitaine?
Les rares parties que Dieu a mis en sa Majesté font vn tout si accomply, qu'il n'est

poſſible de le comprendre, ſinon par vne
attentiue exſtaſe, comme celle dont nous
repaſſons en noſtre eſprit, les plus ſigna-
lees raretez du monde, & qui apres auoir
eſté longuement admirees, font naiſtre
touſiours quelque nouueau ſurgeon de
rauiſſement. Pourquoy laiſſons nous dõc
perdre vne ſi belle occaſion ? N'y a-il pas
aſſez long temps que nous ſommes la fable & le ioüet de ceux qui auparauant ne
pouuoiét ouyr parler de nous ſans trembler ? En fin n'eſt-il pas temps, que nous
portions à ce Roy d'Eſpagne la guerre en
ſon propre pays, où la victoire ſera aiſee,
& ſon fruit prompt & à la main ? Ceux de
Portugal & de Nauarre nous tendent les
bras : le chemin le plus court pour r'auoir
Naples & Milan ce n'eſt pas les Alpes,
ce ſont les Pyrenees : il faut donner droit
à la teſte, le coup eſt mortel. Courage
dõc vrays enfás de Belone, que la crainte
de noſtre Roy n'en retienne point, c'eſt
la clemence, c'eſt la foy, c'eſt la bonté
meſmes : le voylà qui nous tend les bras à
tous, c'eſt noſtre pere commun, ceſt noſtre vray pere, noſtre pere naturel & le-
girime, nous ſommes tous ſes enfás : mais
ſi nous nous monſtrons froids à le reco-

gnoiſtre, ſi nous meſpriſons ſa bonté, ſi
nous nous moquons de ſa douceur: Helas! pauures miſerables que pouuõs nous
attendre, ſinon les effets de ſa iuſte indignation, de ſa iuſte colere, afin que noſtre chaſtiment ſerue à iamais d'exemple
à tous les ſubiects rebelles? Il ſemble que
iuſques auiourd'huy il y a eu quelque fa-
talité en nos troubles : maintenant, ſi re-
jettans la paix demandee auec tant d'ardeur & d'affection par tous les gens de
bien : nous faiſons clairement cognoiſtre
que iamais ces guerres ne prendront fin
que par la ruine entiere des vns ou des
autres, ou pluſtoſt de tous les François
enſemble:Si tout d'vn coup nous venons
à faire déchoir le peuple de ceſte haute &
comme aſſeuree eſperance d'vne ſaincte
& eternelle paix : en quel deſeſpoir (ie
vous ſupplie)en quel comble d'afflictions
& de miſeres iettons nous toute la France? Les deux tiers de ſes citoyens ont eſté
emportez pendant la fureur de ces longues guerres : Ses fertiles campagnes, ou
pleuuoit l'or pur (ainſi que dit Pindare)
ou la nature auoit treſ-abondammét mis
tout enſemble, ce qu'elle diſtribuë aux
autres pais ſeparément& d'vne main chi-

che, font changees en landes hydeuses:
fes beaux & amples edifices que la richesse
Françoise auoit esleué iusques dans les
nuës, font conuertis en tombeaux: fes
grandes & florissantes villes qui n'auoiét
rien de femblable en tout le reste du móde, font maintenant pleines de pauureté,
& de necessité extreme : & au lieu de la
ioye, de l'abondance & de la richesse
qu'on y voyoit, la face de la mort s'y re-
presente continuellement deuant les
yeux. Si Dieu ayant en fin compassion de
nos miseres, accomplir nos souhaits, en
nostre Roy, en nostre iuste Roy & legitime, le plus grand, le plus magnanime
que nous pouuions desirer, faut-il qu'à
l'appetit de l'Espagnol, qui redoute &
apprehende extremement, pour luy &
les fiens, la bonne fortune, & la valeur
incomparable, de ce premier Roy de la
Chrestienté, qu'il pense desià voir au milieu de Papelune auec vne forte & puis-
fante armee Françoise : faut-il, disoit,
qu'à l'appetit de nostre ancien & mortel
ennemy, que nous nous rendions si in-
dignes de la faueur & de la grace de
Dieu : faisant cognoistre à toute l'Europe
que quelque langage que nous ayons te-

nu , quelques defguifemens que nous
ayons apporté , quelque pretexte que
nous ayons pris, que neantmoins en verité & en effect, nous eftions Efpagnols, de
cœur & de courage : & que nous voulós
recognoiftre noftre Roy lors qu'il aura
rendu la France vaffale & tributaire de
Caftille & non pluftoft. En fin faut-il que
toute l'Europe de l'vne & de l'autre religion s'vniffe contre nous, pour empefcher que cefte premiere & plus augufte
couronne, ne foit enleuee & vfurpée par
l'ambition immenfe d'Efpagne ? faut-il
que tous les Princes d'Italie ioincts a
cuex d'Alemagne, (preuoyans leur ruine
indubitable, fi la France n'eft conferuee
en fon entier :) fondent fur nous auec
leurs grandes & puiffantes armees, & que
par ce moyen nous acheuions de defo-
ler, & deferter du tout ce Royaume auparauant nos rebellions le plus opulent,
populeux, & floriffant de l'Europe? Non,
non, il fe faut bien garder de tumber en
vn tel gouffre de miferes : Tout au contraire, il faut faire cognoiftre que les
François ont toufiours fi auant au cœur
le fainct germe de fidelité à leurs Roys
legitimes, qu'encores que pour quelque

temps ils ne produisent en fleur actions
les fleurs ny les fruicts d'vne si belle plante, toutesfois la racine en demeure tousiours viue.   Il faut, il faut faire la paix,
malgré tous ces Espagnols, & toutes ces
bosses & pestes de la France : & faire re-
tentir les villes, les montagnes, les fleu-
ues & les mers, de l'alegresse & ioye incomparable, que nous receurons, en
nous embrassans tous les vns les autres,
comme les Romains feirent, le iour que
leurs funestes guerres finirent, & qu'ils
commencerent d'entrer en ceste si lógue
& si heureuse paix sous le regne d'Augu-
ste. Sus donc monstrons à ce coup si nous
auons en l'ame quelque reste de vrais
François: que le desir de conseruer nostre
liberté, & l'apprehension d'vne si miserable seruitude estouffe toutes nos vieilles
querelles, enseuelissons les dans l'amour
de nostre pays : il n'y a plus d'autres partis que le François & l'Espagnol.

SEIGNEVR DIEV qui auez tousiours
eu vos yeux de commiseration ouuerts
sur la France, qui l'auez tousiours rem-
plie de vos particulieres benedictions:
C'est maintenant que nous auons besoin
de vostre secours, sur tout à ce qu'ils vous

plaise nous deffiller les yeux, nous faire
voir quels font nos vrais ennemis, quel
eft l'Efpagnol, quelle eft fa domination,
quels font nos deffeins fur noftre pauure
& defolee France. Helas ! Seigneur, ne
nous abandonnez point en cefte extremité, que nous fommes prefts ou d'eftre
precipitez en vne feruitude perpetuelle,
ou d'affermir & affeurer noftre liberté à
iamais. Affiftez noftre Roy, nos Princes,
noftre Nobleffe, nos bons foldats, rejoi-
gnez les tous enfemble en vn mefme
corps d'armee: plantez l'amour & la con-
corde au milieu d'eux, effacez entieremét
tout ce que y pourroit refter de haine &
de rancune : Enuoyez leur vos Anges
pour les fortifier, rempliffez leur le front
d'horreur, le bras de vigueur & leur inf-
pirez à tous vn ardeur commune d'exterminer promptement de la France, tous
ces infects & fuperbes Caftillans. Fauo-
rifez Seigneur & efleuez plus que iamais
cefte race de S. Louys, de S. Loys Seigneur qui ayant par deux fois franchy
les mers, eft mort aux grandes guerres
entreprinfes pour l'exaltation de voftre
fainct nom: Souuenez vous de fes enfans,
ne les effacez point de voftre liure de vie.
ne

ne les vueillez point perdre, pour mettre
en leur place leur vieil ennemy, l'ennemy
de leurs peres: Ains pluſtoſt conſeruez à
l'aiſné de ſes heritiers ſon heritage, re-
donnez a ſa France, ſa premiere ſanté: &
par la voye de voſtre S. Eſprit, ſans ſang,
ſans force, chaſſez les erreurs, conſeruez les perſonnes, à fin que r'alliez tous
enſemble, eſtans d'accord en toutes choſes diuines & humaines, nous mettions
bien toſt ſous le ioug, ceux qui nous en
menacent au iourd'huy, abuſans ſi hardiment du pretexte de voſtre ſaincte Religion pour aſſouuir leur ambition & a-
uarice extreſme.

E e

DISCOVRS DES GRANDS EFFECTS QVI ONT SVIVY LA CONVER-sion du Roy.

Tiré d'vne Harangue faicte à   sur la reduction de la ville de Lyon.

Enuoyee à Monsieur DE REVOL Conseiller & Secretaire d'Estat de sa Majesté.

IL n'y a nouueauté pour desiree & aggreable qu'elle soit, qui par tout puisse auoir vn prix courant ny vne loüange esgale, chacun s'en seruant selon le contentement que sa propre passion y trouue. Entre le morne silence que la reduction de la ville de Lyon a donné aux vns, & l'allegresse qu'elle a coulé en l'ame des autres, ie ne rencontre personne qui fasse fleschir sa propre affection à la raison. C'est pourquoy ie ne me puis taire en vne

si importante occasion ou il y va de mon
deuoir, & s'il vous plaist m'ouyr & me
permettre de parler, ie vous diray que
c'est vn coup de Dieu, & n'en desplaise à
ceux qui ne se plaisent qu'à nos ruynes,
qui ont mal au cœur quand ils s'approchent de l'odeur des fleurs de Lis.

Nous sommes d'accord il y a long
temps que Henry de Bourbon premier
Prince du sang, premier Pair de France
par droite descente, par l'ordre de la
succession, par le droit du sang, la coustume & la Loy du Royaume est appellé à la
Couronne. Ceste premiere qualité est en
luy si veritable & si parfaite qu'il y a peu
de ses predecesseurs qui l'aye eu plus belle ny accomplie. Il est François par la famille de ses ayeulx de l'vne & de l'autre ligne, & non simplemeıt François, mais de
la premiere branche du sang Royal du
costé du pere, & encores de celuy de sa
Mere. Par le Pere, non seulemét de Sainct
Louys. ou de Capet, mais de Charlemagne
& de Dagobert, d'où sont descendus les
Capets, contre l'ignorance de ceux qui
les ont voulu faire estrangers. Par la mere des Albrets Roys de Nauarre, qui sont
sortis de Pere en Fils de la maison de

Ee ij

France, par l'interpofition des filles ca-
pables de la fucceffion du Royaume de
Nauarre.

Il fut eftimé & honoré pour tel, iufques à la mort de feu Mófeigneur le Duc
d'Alençon frere du Roy. Lors on fift mô-
ter à cheual ce bon homme le Cardinal
de bourbon, & croire qu'en l'aage de
foixante ans il deuoit furuiure à vn Roy,
qui outre la gaillardife de fa ieuneffe &
la vigueur de fa fanté, ne faifoit rien qui
luy deuft abreger le terme de péfer à fon
fucceffeur. On luy dift, qu'il eftoit le premier Prince du Sang, que le droit d'ai-
neffe eftoit continué en fa perfonne. Cóme on vit ceft artifice eftre trop mince, &
l'abfurdité trop defcouuerte d'impugner
que le Roy de Nauarre ne fuft l'aifné de
fa maifon, & fubrogé au mefme droit de
fon Pere, qui reuiuoit en luy (outre la re-
nonciation que fon Oncle luy auoit fait
de tous les droits, noms, voix, actiós, pre-
fens & aduenir qui luy pourroient appar-
tenir, pour eftre iffu de la maifon de
Bourbon, recognoiffant par exprez ledit
Seigneur Roy de Nauarre fon neucu
pour vray fils, heritier, fucceffeur & re-
prefentant en tout & par tout l'aifné de

ladite maison) on inuenta d'autres obie-
ctions, on les subtiliza, pour sous leur apparence, amuser les ignorans. On dit, que
la Couronne de France estoit vacante, &
appartenoit au premier conquerant, par-
ce que tout ainsi qu'aux successions po-
pulaires & roturiers les parens essongnez
de dix degrez de consanguinité, ne peuuent estre heritiers de celuy qui seroit de
leur famille, & que l'heritage retourne-
roit au Seigneur haut iusticier, de mesme
la maison de Bourbon, n'auoit aucun
droit à la Couronne pour en estre eslon-
gnee de dix degrez. On en dressa des discours, on en fist des volumes entiers.

Mais cela ne se pouuant camper aux
entendemens des bons François, ny pré-
dre pied en l'opinion du vulgaire peu ca-
pable de telles sophisteries, on se rüa sur
les iniures, accusations & inuectiues. On
ne se contenta en ces premieres saillies
de crier ny de courir sur ce Prince, mettre en auant vne perpetuelle incapacité
bon gré malgré le Pape, on le fait criminel de leze Majesté, on le cõdamne, on le
nõme indigne & incapable de cõmander
en France, on s'assemble à Blois, de tous
les estats & endroits du Royaume arriué

Ee iij

les deputez, on le met sur le bureau chacun se declare l'ennemy, sinon de son
droit, pour le moins de la Religion qu'il
tient, on luy veut faire son proces: tout à
rebours, ceux qui le poursuiuent sont
plustost executez qu'ils ne sçauent leur
condamnation. Voylà le feu allumé aux
quatre coins du Royaume, le coup sist vn
tel esclat, que tous les Princes voisins s'en
esmeurent, les offensez s'armerent pour
se venger, les peuples effarouchez les as-
sisterent, & auec eux tournerent la teste
droict contre le Roy.

La ville de Paris fut le premier mouuát,
au mouuement de laquelle toutes les villes en moins de six sepmaines firent ceste
grande & estrange esmotion, qui a duré
cinq ans entiers· Elle les incitoit à ce
bransle par de belles & specieuses raisons
contre l'heresie, la perfidie, & la tyrannie.
Les coniuroit par le deuoir à la Patrie,
par l'amour à sa propre conseruation, de
se ioindre à vne si iuste cause, & passer
l'vn de ces deux chemins, n'y ayant rien
entre-deux, de vaincre ou mourir, plustost que de se remettre sous l'obeyssance du Roy.

La ville de Lyon qui iamais ne ceda à

ville du monde, en fidelité ny obeiſſance
enuers ſes Roys, qui n'auoit autre objet
que le zele de ſa Religion, en la maladie
de laquelle on remarquoit pluſieurs ſi-
gnes mortels, ſe laiſſa emporter à ceſte
route, ſás que l'apprenhenſió detoutes les
miſeres qu'elle a ſouffert depuis, la de-
tournaſt de broncher en ce pas.

La guerre ſe commence auec vn eſtrange eſbranlement de tous les ordres, voire
des colomnes de ceſt Eſtat, & la reuolte
deuint telle, que la Royauté du Roy fut
reduite aux enuirós de Tours & de Blois,
où ſans doute la Ligue l'euſt enterree, ſi le
Roy de Nauarre n'euſt tendu la main à ſa
Majeſté : qui reprint courage, ayant à
ſon coſté l'Hercule de France, & le fleau
des rebelles.

Mais comme ceſte enragee mutinerie
commençoit à ſe recalmer, que la preſence & l'authorité du Souuerain rete-
noit en deuoir les plus eſchappez, que
Paris ſe veit à la veille d'vne extreme de-
ſolation, le Roy eſt tué.

Et voylà, O abyſme des iugemens de
Dieu! celuy qui auoit paſſé le Loire trois
mois auparauant, auec quatre cens cheuaux, mille arquebuziers, & quelque in-
E e iiij

fanterie, Chef Souuerain d'vne tres-bel-
le, & tref-grande armee, où luift l'ordre de
tous les Magiftrats & officiers de la Couronne, où la Nobleffe à qui mieux mieux
fe facrifie pour empefcher la diffipation
de l'Eftat, & prefere le deuoir d'vne fidelité Françoife, aux efperances eftrange-
res, & le dernier hazard au repos & feu-
reté de fes vies & maifons. Voilà Roy celuy qui fept mois auparauant on auoit
defpouillé du tiltre de premier Prince du
fang, de l'efpoir du nom, du Sacre, & de
la Couronne de fes Princes.

Voylà Roy celuy qu'on auoit chaffé tant
de fois de la Cour, qui auoit veu en quatre annees dix armees contre luy, dix
Lieutenans de Roy en tefte, des forces du
plus grand Prince, de la plus belliqueufe
nation du mõde, qui depuis apres la route d'vne grande armee eftrágere, s'eftoit
retiré en vn coing du Royaume fans païs,
fans hommes, fans argent, Prince pauure
du tout, fi ce n'eft d'efperance. Voilà Roy
celuy lequel on auoit declaré inhabile à
la Couronne, qu'on faifoit le cadet du
Cardinal de Bourbon, qu'on ne reco-
gnoiffoit plus de l'eftoc de Sainct Louys
pour en eftre efloigné iufques aux dixief-

me degré.

Roy! celuy que toute l'Espagne faisoit
le subiet de nos miseres, qui estoit du viuant de nos Roys l'argument de toutes
les tragedies qu'on y a ioué, qui ne pen-
soit pas suiure vn Roy en la fleur d'vne
viue & gaillarde ieunesse qui luy eust
laissé vne grande apprehension du tres-
pas, si la vieillesse & non l'empoisonné
cousteau l'eust emporté à Sainct Denis.
Il est Roy & salué Roy en plaine campagne entre les armes & au son des trompettes. La Noblesse Catholique qu'on
cuidoit se separer de sa suitte pour la di-
uersité des Religions de l'vn & de l'autre,
est tellement indignee du detestable parricide, deloyalement commis contre la
personne Sacree & inuiolable de ce grand
Roy tres-Chrestien, tres-Catholique, &
tres Religieux, eust en horreur le party
duquel ce miserable monstre estoit sorty.
Et pource aymant mieux se conseruer ensemble que perir des-vnie, elle demeure
constamment fidelle aux successeurs de
son Roy, ne dispute point de la legitime
vacation de sa Majesté, d'autant plus volontiers qu'il embrasse la conseruation
de la Religion Catholique Apostolique

E e   v

& Romaine, & qu'il promet d'en receuoir l'inſtruction, & en faire profeſ-
ſion.

Il n'y auoit que ce moyen pour reünir
ceſte diuiſion, & n'y auoit que la nouuelle opinió qui miſt la barriere entre-deux,
qui empeſchaſt que le pauure peuple ne
ſe ietta allegrement entre ſes bras. Au
contraire la crainte d'vn changement de
religion, le met hors des gonds, & comme le torrent qui rompt ſa chauſſee, le
iette aux armes auec plus de roideur &
d'impetuoſité qu'au parauant. Celuy eſt
eſtimé pour heretique, ſon bien eſt deſti-
né au fiſque, ſes membres aux queſtions,
qui n'a vne demie-douzaine de maximes
pour ſouſtenir de bec & d'ongles en tous
les carrefours, que Henry de Bourbon ne
peut eſtre Roy, encor qu'il fuſt Catholique, que le pouuoir du Pape ne s'eſtend
pas ſi auant que d'entreprendre ſeulemét
à ouyr ſes remonſtráces, beaucoup moins
à l'abſoudre.

En ce grand abandon de toutes choſes qui permet à chacuu de mal penſer &
parler, qui peuple la France de barbarie
& de monſtres qui fait les bonnes villes
le gouffre des fureurs ciuiles, où il eſt aiſé

de fe precipiter & impoffible de s'en retirer, il fembloit qu'vn fiecle entier, ny le
regne de quatre Roys ne viendroit à bout
de cefte diffolution.

Car on voit vn deluge d'afflictions fur
le pauure peuple. La confufion & le de-
fordre rampe & gliffe par tout, les con-
feils font debiles, la Iuftice eft fleftrie les
pieds commandent à la tefte, les finances fe difcipent, l'Eftat deuient plus malade que la maladie mefme, & qui plus
importe la Religion pour laquelle on a
les armes en main perd plus en vn moys
qu'elle n'auance en dix, ny ayant rié plus
contraire à fon embelliffement, decora-
tion & accroiffance que l'infolence, la
cruauté, la defobeiffance & l'impieté de
la guerre Ciuile.

Et penfions nous que parmy ces enra-
gees rebellions, l'obeiffance que nous
deuons à Dieu peut durer longuement?
Qui ne fcait les iniures que la Religion a
fouffert, & par ceux qui la deffendoient,
& par ceux qui l'affailloient? l'vn & l'autre eftimoient galanterie de violer &
blafphemer, ruiner en vn moment les la-
beurs de tant d'annees, fcier en deux
heures vn arbre creu en quinze fiecles.

E e vj

Le peuple hume à longs traicts le doux
air de la licence, il fait sa raison du desor-
dre, il ne reçoit la Loy que de sa bouche,
& ne veut plus ouyr parler de maistre.
Du mespris du Prince viét celuy de Dieu,
de ceste impieté naist la desobeissance à
l'vn & à l'autre, la longue souffrance chá-
ge la coustume, forme l'imitation, & l'e-
xemple de l'vn qui demeure impuny em-
porte l'autre à faire le mesme. Si que parmy tant de crimes, de desordres, & d'hor-
reurs, on ne s'estonne plus si les affaires
succedent mal. Car comme le destrier
qui a desarçonné son maistre, & rompu
sa bride, ne cesse de courir iusques à ce
qu'il rencontre vn precipice où il se tuë,
le peuple qui lasche les resnes de son deuoir & de tout respect, se perd soy-mes-
me, au bout de sa furieuse carriere. Le
voylà comme vn nauire au milieu des
flots, qui de bien equipee & munitiónee
qu'elle estoit, n'ayant ny voile ny timon,
est preste a se fódre, & ne se remuë qu'au
gré d'vn foible vént qui se rit d'elle.

L'armee du Roy, au contraire comme
vn rocher qui braue les ondes & les flots
comme vn grand fleuue qui sort de son
riuage pour maistriser la campagne, as-

siege les villes, gaigne les batailles, em-
porte tout, triomphe par tout. L'Espagne
qui se deuroit ou despouiller, ou pour le
moins contenter de tant de robbes qui la
surchargent, tant de Sceptres qui l'em-
peschent, & se reposer puis que les iam-
bes luy faillent, se leue debout pour nous
faire peur. Elle qui craint que nostre pros-
perité ne soit son mal-heur, nostre paix sa
guerre, q̃ nos ongles croissẽt pour luy arracher ceq̃ les siénes nous ont rauy, affusté
ses canons cõtre cest Estat. Elle qui nous
voyant transportez de fureur & de cholere, deuroit cacher le cousteau & le feu,
le nous baille en main pour nous despes-
cher nous mesmes, met l'huyle & le bois
pour entretenir l'embrasement de nos
diuisions : mais en vain, car elle enuoye
contre les hommes en bon François, des
hombres en Espagnol.

Apres la perte d'vne grande bataille
la longue & extresme souffrance des villes assiegees, chacun se plaist a detester
la guerre, & aspirer la paix. On se degou-
ste de la viande dont on seruoit le peuple a tout repas, elle commence de faillir,
le beau & doux pretexte de la religion
qui auoit tant donné d'appetit à la po-

pulace pour aualler les coutelats & les
alebardes, perd son credit, on voit bien
que la guerre vise plus à l'Estat qu'a la religion.

Et de fait, aussi tost qu'en l'assemblee
de la Ligue à Paris le Duc de Feria sous
vn grand manteau de la religion, tout vsé
& troüé, eust proposé les moyens d'esbrá-
ler voire renuerser du tout la loy Salique, il n'y eust homme purement Fráçois
qui ne detestast ce remede, comme plus
cruël que la maladie mesme.

La Cour de Parlement s'opposa ver-
tueusement au deplorable peruertisse-
ment d'vné Loy qui a maintenu ceste
Monarchie, a duré tant de siecles entiers
pour deffendre laquelle nos Peres ont
empourpré les pleines de Poictiers & de
Cressi, de leur sang masle & genereux.

Cependant qu'on crie, qu'on dit le
Roy n'estre Roy, & qu'on est bien empesché d'en trouuer vn autre, que chacũ
le fait, & ne l'ose estre, sa Majesté entend la
voix du Sainct Esprit, & son salut, parlant
à sa personne, pour la conduire au Sacré
Sainct azile de l'Eglise contre l'Erreur &
la nouuelle opinion qui dès le berceau
l'auoit suyui, & sent en son ame vne for-

te & ferme refolution d'abiurer ces im-
poftures.

Il ne le prent pas à la volee, contraint
par la neceffité des affaires , ny pour
crainte de l'vfurpation eftrangere , ny
pour la feule iouyffance d'vn laurier té-
porel, d'vne Couronne de Charlemagne,
C'eft vne Saincte & diuine infpiration
qui fe plante en fon ame, dés le iour que
la mort du Roy luy laiffa le fceptre de
France en main. Dés lors il fift entendre à
noftre Sainct Pere le Pape Sixte V. par
Monfieur de Luxembourg:au Pape Gre-
goire XIIII. par le Marquis de Pifani,
puis à celuy qui eft affis auiourd'huy en
la chaire Sainct Pierre, Clement VIII.
par Monfieur le Cardinal de Gondy, que
comme il eftoit legitime fucceffeur de la
Couronne, il defiroit auffi que la fucceffion de la doctrine Catholique, Apofto-
lique & Romaine, fuft conferuee en fon
Royaume, fe fous-mettant à fon authorité, & à fon inftruction pour regler la creance de fon falut.

Perfeuerant en cefte Saincte refolution, il eflongne de fa Cour ceux qui luy
auoyent faict croire que le monde auoit
demeuré en tenebres depuis Sainct Paul

iusques à Caluin, que le clair Soleil de
verité s'estoit eclipsé incontinent apres la
naissance de l'Euangile, & r'enfermé dedans les brouillars de Boëme & de Saxe,
attendant que les presches seditieux de
Iean Hus & de Luther fissent esclatter
ceste clarté cachee. Instruit en la verité
de nostre religion par des plus doctes
Prelats de France il se presente au temple
du premier Apostre de France, au milieu
des Ombres de ses predecesseurs, & sur
leur tombeau assomme & deteste l'heresie, cause de ces trauaux, source de nos
malheurs.

Il n'y a circonstance qui bien esplu-
chee ne rende ceste action tres-saincte,
tres-admirable, tres-miraculeuse, soit
qu'on considere l'heureuse disposition &
l'abondance de l'annee, la victoire con-
tré les Turcs, ou la prompte recognois-
sance des rebelles. Vous auez veu pre-
mierement comme Dieu côduit ce Prince parmy tant de trauerses, tant de dan-
gers à trauers le feu & les flammes au
throsne de ceste Majesté Royalle, comme
ce Ioseph persecuté par son propre sang,
triomphe en Egypte, comme ce Moyse
exposé à la mercy des tempestes ciuiles,

deuient non Coronnel d'vne armee de fix cens milles hommes : mais Roy d'vn grand Royaume, & de tant de millions de peuples.

Le Roy pour faire goufter à fes fubiets le contentement & le repos d'efprit qu'il trouue en fa conuerfion, & en rendre tefmoignage à tout le monde, accorde vne Trefue en vn temps que fes ennemis n'en pouuoient plus. Il enuoye Monfieur le Duc de Neuers à fa Sainctecé, fe foufmet à fes commandemens, offre fa confcience, le fubiect d'vne belle conquefte, luy faict entendre qu'il ne defire qu'vne feule religion en fon Royaume, qu'il fçait bien que l'Eglife eft vne, que la Foy ne fe diuife point, que comme vn corps ne peut fouffrir qu'vn chef, le Ciel qu'vn Soleil, la religion qu'vn Dieu, auffi la France ne doit auoir qu'vne Eglife, qui ne peut eftre vne où Dieu eft diuerfement ferui.

Si nos miferes ne luy font fenfibles, fil ne luy plaift de viuement embraffer les occafions préfentes, & adoucir la rigueur des formes, non feulement noftre Religion, mais encor l'Eftat fera la proye de ces longues & cruelles diuifions, qui affligent la France.

On nous dit qu'il est l'vn des plus dignes successeurs de sainct Pierre, qui depuis cent ans ait esté en son siege. Cela fortifie nos esperances, r'allume nos courages quasi estints. L'vne des plus asseurees confiances qu'on peut auoir au milieu des flots & des vagues est quand on sçait que le Pilotte entend bien son Estat. Nous esperions que pour sauuer ceste nauire Françoise du naufrage, il se leueroit debout contre la tempeste qui la menasse recognoistroit quels sont les vents & les flots qui l'agittent, embrasseroit la conuersion d'vne ame tant importante, pour le salut de laquelle toute l'Europe deuroit fondre en larmes, en vœux & en prieres.

Mais quand on a veu les longueurs du consistoire, les oppositions, & les trauerses qu'on a donné à la legation du Duc de Neuers, quand on considere qu'il estoit trop malaisé de iuger à Rome de ce qui se fait en France, que les opinions & les volontez estoient forcees & contraintes, quand on a cogneu qu'en l'extresme necessité de pouruoir au bien public son s'est arresté au milieu des procedures, on a perdu patience, & le peuple affriandé

aux premiers morceaux de la Trefue, n'a
ceſſé qu'il ne ſoit affranchy de la tyrannie
de la guerre, meſmes aux villes qui ont
eſté les premieres à la prinſe des armes.

De là eſt venuë la reduction de la ville de Lyon ſous l'obeyſſance du Roy, ne
pouuant plus longuement demeurer en
l'inſertitude de ſon eſtre. S'aſſubietir plus
longuement au milieu de ces ruines, de
ces craintes, de ſes deffiances, c'eſtoit v-
ne choſe trop douteuſe, & vn malheur
trop certain. Elle a ouuert & deſſillé les
yeux pour ſçauoir ce qu'elle deuoit faire,
& ſous l'aiſle de qui elle ſeroit conſer-
uee. Elle a cogneu que le Souuerain &
dernier remede de ſes calamitez eſtoit
d'eſtre ſous l'obeiſſance d'vn ſeul, & ne
flotter plus incertainement parmy les
vagues des pretextes qui ont eſmeu ces
guerres ciuiles.

Elle a trouué qu'elle deuoit auoir vn
Roy, & ne le chercher autre part qu'en la
ſouche des Roys de France, & en la famille de Sainct Louys, dont eſt deſcendu
Henry de Bourbon, Roy de France & de
Nauarre, lequel elle euſt pluſtoſt recognu, ſi pluſtoſt il luy euſt pleu faire pro-
feſſion de la religion Catholique Apoſto-

lique Romaine, comme il faict auiour-
d'huy. Lyon c'est mis à l'abry de son Roy
il a ramé vers le port. Et vouliez vous
qu'il demeurast tousiours descouuer
sous tant de bourasques, qu'il fust tousiours deux doigts pres de la mort, au milieu des ondes de ces rebellions. Il estoit
sur le point d'estre vn desert, la fable &
risee de ses voisins, & en fin la conqueste:
desià le commerce qui est son Perou, ses
rentes, ses pensions, & son principal en-
tretient estoit retranché. Il n'y auoit me-
stier en vogue parmy les siens, que celuy
du Capitaine, on tüoit ses Bourgeois à ses
portes, il languissoit, sa force naturelle
defailloit, il court aux remedes, & ne sça-
chant meilleur medicin que celuy qui
ayme le malade, se iette entre les bras de
son Roy, noye en la mer de sa clemence
& debonnaireté, la souuenance de ses
desbauches, le supplie de tenir desor-
mais ses Citoiens pour ses vrais fidelles &
naturels subiects, & ne mettre differen-
ce entre eux & les autres, si ce n'est pour
se souuenir qu'ils ont esté les premiers
qui sans contrainte l'ont recogneu, & luy
ont acquis par leur exemple la meil-
leure partie de son sceptre. Voylà les

iuſtes raiſons de ce ſoudain changement,
ſi changement ſe peut appeller, l'obeyſſance que le ſuiet retire du ioug de l'e-
ſtranger, pour la rendre à ſon maiſtre. On
l'eſtimera d'autant plus louable, que le
ſeruice du Roy n'altere en rien celuy de
Dieu, que la Religion demeure puiſſante
en ſa franchiſe, reluiſante en ſa ſplédeur,
inuiolable & inexpugnable en ſa force.
Cependant que la guerre a eſté guerre
pour la religion, ils ont contribué & le
verd & le ſec, quand ils ont veu que la
Sainête conuerſion du Roy rendoit ceſte
guerre non plus guerre de Religion, mais
pure guerre d'Eſtat, ils n'ont peu tempo-
riſer d'auantage, ny effacer de leurs ames
la crainte & reuerence de la vraye image
de Dieu qui eſt le Roy, croyát que ceux-
là portent les armes contre Dieu, qui les
portent contre vn Roy tres-Chreſtien &
tres-Catholique.

En vn ſi grand deſordre, on a recognu
beaucoup d'ordre & de prudence. Les
plus aduiſez à la conduite des affaires,
iugeoient que ceſte fiebure continuë ne
ſe pouuoit guarir ſans quelque fort &
violent remede, mais par la prouidence
de Dieu le mal qu'il ſembloit incurable,

a esté guery sans tirer vne seule goutte de
sang, par la constance & ferme resolution
de céux qui aymoient mieux mourir, que
de ne se voir affranchis de la domination
contraire à la Royauté, & desueloppez
de tant de pretextes qui pour sainéts &
iustes qu'ils pourroient estre sont tou∫-
iours ruineux, & leur meilleur tiltre ne
vaut iamais rien.

Bref ceste ville qui a toufiours faiét
preuue de sa Religion enuers Dieu, de la
fidelité enuers son Roy, a bien monstré
que la fleur de Lis, qui depuis tant de
centaines d'annees estoit grauee en son
cœur, ne se pourroit arracher qu'en fen-
dant & breschant les poiétrines de tous
ses Cytoiens, que elle ne pouuoit suppor-
ter ces ames Françoises transsubstanciees
en Espagnoles, qui ne cherchoient que
de voir ce sceptre brisé, ceste Couronne
en pieces, pour en ramasser les esclats, &
en recueillir les fleurons. Voilà ce que
i'auois à mettre sur le tapis auant que de
proposer à V. &c.

LIBRE DISCOVRS
SVR LA DELIVRANCE
de la Bretaigne.

VOY? Ce Duc de Mercœur retiendra il donc touſiours l'emboucheure de la riuiere de Loire, & partie de la Bretagne, côtre vn Roy de France, vn Roy victorieux, recogneu le plus grand Capitaine du monde ? Verrons-nous touſiours la ſentine, l'eſgout & le ramas de tous les volleurs & aſſaſſins liez eſtroictement auec ceſte inſolente, cruelle & infecte nation de Caſtille, occuper l'vne des prouinces de l'Eſtat, l'vn des fleurons de ceſte grande & ſuperbe couronne, & rendre tributaires leurs voiſins, & tout le haut de ceſte longue riuiere qui diuiſe les Gaules? Il y a pres de deux ans que tout le reſte de la France eſt paiſible, vny & conioinct à ſa conſeruation contre l'vſurpation eſtrangere : il y a plus long temps encores que les benedictiõs de noſtre ſainᶜᵗ Pere s'eſpandent ſur ce Royaume tres-Chreſtien. Dieu nous a donné ceſt Eſté la plus ſignalee victoire, & le plus eſclatát triomphe que le Soleil ait veu depuis cinq cens ans, le Roy la forcé l'vne des meilleures places du mõ de a la veuë de l'armee Eſpagnole. Toute la Chreſtienté eſt rauie en l'admiration d'vne telle conqueſte : & la gloire des armes des François reluiſt autant & plus qu'elle fiſt iamais : & neantmoins ce Spartaque ſe fiant ſur vn ſecours imaginaire d'Eſpagne, oſe bien encores nous attendre? Allons donc promptement à luy la teſte baiſſee, allons chaſtier ceſte preſóption, ceſte temerité, & ceſte inſolence. Allons deliurer de captiuité ces pauures habitans de Nantes qui tendent les bras à leur Roy, & ne deſirent rié tant au mõ de que ſa venuë deſquels ce Vice-roy de Bretagne aura bien affaire à ſe deffendre au dedans, pendant que nous l'aſſallirons viuement au dehors: Allons faire congnoiſtre que rien ne peut ſouſtenir l'effort du tonnerre de l'arcenal de France & que les plus beaux rauelins bronchent deuant nos canons. Allons deraciner l'Eſpagnol de la Bretaigne, qui n'a

pas eſté

pas esté reunie à la Couronne du temps
de nos ayeulx, pour la laisser demembrer
en nos iours.

Considerons que par tout discours de
guerre, Amiés ne deuoit point estre pris:
mais la valeur incomparable du Roy, son
courage d'acier, & le trauail incroyable
des François, ont forcé la nature, outre-
passé les esperances, & surmonté le possible: & qu'au contraire par toutes raisons
militaires, Nantes, sera foudroyee en six
sepmaines. Les forces du païs, celles des
prouinces voisines, & de toute la Guy-
enne, qui commencent à marcher: l'armee Royalle qui s'achemine: les canós &
munitions, qu'on y conduit de tous costez: la commodité de la mer & des riuieres, qui fourniront abondamment toutes choses necessaires: les armees Naua-
les, qui rempliront la Loire, retranchans
toute esperance de secours: la veleur de
nos Soldats, l'experience des Capitaines,
l'aduantage de l'heureuse conqueste de
l'annee derniere nous doibuent donner
toute asseurance, que ce Catiline seruira
d'exemple de la iustice de la Majesté, laquelle a tant monstré de tesmoignage de
sa clemence. Aussi voit on en luy vne si e-

F f

ſtráge ingratitude, qu'il n'eſt pas poſſible
que Dieu la laiſſe impunie. Car le feu
Roy (que Dieu abſoluë) ayát tant honoré
ſa maiſõ que d'y auoir choiſi ſon eſpouſe,
& comblé de biens, d'honneurs, de ma-
gnificences, & deſpenſes extremes ſes
beaux freres & belles ſœurs: ſur tout ce
modele d'ingratitude, auquel il fiſt eſ-
pouſer l'vne des plus riches heritieres du
Royaume, & arracha à vn Prince du ſang
le gouuernemét de Bretagne pour le luy
donner : Il a eſté neantmoins ſi inſigne-
ment deſloyal à ſon bien-faicteur, qu'au
lieu de venir mourir à ſes pieds, il luy re-
uolta vne grande & treſ-importante prouince: & boucha la riuiere de Loyre, ſur
laquelle le feu Roy auoit eſté contraint
de porter le ſiege de l'Empire. Il excita la
rebellion de Poictiers, & incontinent a-
pres appella en part de conqueſte les Caſtillans, qu'il a eſtablis dans Blauet, l'vne
des colonies d'Eſpagne, qui nous tiendra
touſiours en eſchet, iuſques à ce que nous
les en ayons exterminez, auec tous ceux
qui les y ont introduits, & qui les y fo-
mentent, ſe mettant en leur protection &
ſauuegarde: laquelle neantmoins ils trou-
ueront foible contre l'effort de la France

puiſſante en armes : de la belliqueuſe
France, que nous allons rendre plus eſ-
pouuentable qu'elle ne fut iamias.

L'emulation d'entre nous à qui fera le
mieux, laquelle en 63. reconquiſt en ſi
peu de iours le Haure de Grace, ſans
doute les chaſſera bien toſt de Nantes &
de Blauet.Chacun voudra faire paroiſtre
ſon zele enuers ſa patrie, ſa valeur en
preſence de ſon Roy, & ſon indignation
enuers ces traiſtres à la France, qui deſti-
tuez de tout pretexte, excommuniez par
le Pape, par l'Archeueſque de Tours Pri-
mat de Bretagne, & par la Sorbonne,
comme rebelles à leur Roy, condamnez
de Dieu & des hommes, ſont encores ſi
effrótez que de nous publier heretiques,
ſi nous allons chaſſer les eſcharpes rou-
ges de la Bretagne, Pauures miſerables,
vos artifices ſont trop diuulguez: lors
qu'ils eſtoient encores en leur force, ils
n'ont pas empeſché que nous n'ayons
rendu par tout les Fleurs de lis victorieu-
ſes : & maintenant que telles ruſes ſont
en meſpris aux enfans meſmes, mettez
vous encor ſur cela vos eſperances,
contre nous, qui auons le commandement de Dieu, & l'exhortation de noſtre

F f ij

sainct Pere, d'obeyr à nostre souuerain,
seruir nostre pays, & en exterminer les e-
strangers auec vous malheureux qui les y
auez appellez, & qui vous persuadez les
y pouuoir maintenir : Croyans que si sa
Majesté va en Bretagne, ce pendant les
Espagnols engloutirōt nos frontieres de
Picardie, & nous feront lascher prise.
A ce que ievoy, vous estes fort mal aduer-
tis du miserable estat, auquel se treuuent
reduites aux Païs bas les affaires de vostre
protecteur. Il a perdu cest Esté huict
bonnes places, argument indubitable de
sa foiblesse. L'Artois est extremement
estonné de ce grand exploit d'Amiens.
La necessité est telle parmy ses garnisons
qu'il faut ou qu'ils rançonnent du tout
leurs suiects, ou qu'ils viuent de racines.
Le Cardinal n'a pas seulement dequoy
fournir à la despense de sa maison : la banqueroute du Roy Philippes luy a fait
perdre ses remises de Genes en Anuers.
Et voyant les pays qui luy ont tant cousté se perdre sans remission, il les veut
donner en dot à sa fille : à fin que l'histoire en remarque la perte sous vn autre
commandement que le sien.
Or nous les irons voir cest Esté : ce pen-

dant laissant nostre frontiere bastante
non seulement pour se defendre, mais
aussi pour assaillir, marchons droict en
Bretagne, & allons chastier la rebellion,
l'ingratitude & malice de celuy , qui
voyát Amyens surpris par les Espagnols,
& la France toute en allarme, au lieu de
faire la trefue qu'il demandoit au parauant, se mit aux champs pour retenir dãs
les prouinces voisines vn grand nombre
de gens de guerre, qui montoient à cheual, à fin d'aller trouuer sa Majesté.

O ame Espagnolle, pouuois tu mieux
faire cognoistre, combien tu es traistre &
desloyal au pays, qui t'a reschauffé, en-
richi, & accreu en honneurs & dignitez,
qu'en voulant par tous moyens destour-
ner & empescher ceste grande & si necessaire conqueste? Si tu auois quelque reste
d'affection enuers la France, c'estoit lors
qu'il la falloit faire paroistre : tu ne man-
quois point de beaux exemples. Chacun
t'eust embrassé maintenát, & te dóneroit
partie de la gloire de ce trióphe. Mais au
lieu de cela tu as voulu enfócer ceux qui
se sauuoyent du naufrage, tu as insulté à
l'affliction de la France : & encores, a-
ueugle que tu es, apres ceste grande pro-

fperité que tu n'as peu empefcher, tu t'o-
piniaftres en ton vfurpation, attendant
quelque coup malheureux pour publier
tõ inueftiture de Bretagne. Car quelle autre efperance peux-tu auoir depuis deux
ans? Quoy? penferois tu bien que ce grãd
Prince acheuát le cours de fes ans & éui-
tant le coufteau Iefuite, laiffaft toufiours
Nantes & partie de la Bretagne entre les
mains d'vn tel homme que toy? Tu n'es
point fi defpourueu de fens, il faut necef-
fairemét que tu efperes, qu'il fe troùuera
encores vn Barriere, ou vn Chaftel. Rien
autre chofe ne te peut auoir faict opinia-
ftrer depuis deux ans en ça, que tu gai-
gnes toufiours temps. Mais en telles ima-
ginations tu trouueras ta ruyne : n'en
doubte point. Car Dieu qui s'eft feruy de
ce fils de fainct Loys, pour reftablir l'é-
ftat diffipé, le conferuera par fa toute
puiffance, & croiffant chacun iour fes
victoires, chaftiera bien toft feuerement
tes pernicieux effects & ton efperance
malheureufe. Ton Roy Philippes plon-
gé dans les delices de l'Efcurial, ne te
garantira pas des batteries furieufes, que
fa Majefté te fera dans vn mois de tous
coftez. Croy moy, tu maudiras ce grand

monarque de Castille, de qui tu fais auiourd'huy tant d'estat, & sur lequel tu
establis le bon-heur de toute ta vie : e-
stant si hebeté de penser que celuy, qui
n'a peu conseruer sa conqueste d'Amyés
(ville comme inexpugnable) empeschera
la prise de Nantes. Tu ne consideres pas,
que tes thresors seruiront d'eschelles, ou
plustost d'ailes a nos soldats pour frachir
les murs de ceste belle ville, en laquelle
nous trouuerons les clefs de toutes les
autres, qui suiuront là capitale, sans les
richesses de laquelle & les grandes daces
qui s'en tirent, aussi bien tomberoyent
elles quand on ne les assailliroit point.

En la prise de Nantes nous prenós sans
doute tout le reste de la Bretagne : & par
ce moyen nous ostons la gangrene, qui
negligee pourroit vn iour perdre le
Royaume. Que sert d'esteindre la plus
grande partie du feu qui brusle la maison, si on en laisse encores assez, pour al-
lumer & embraser tout le reste? Petit à
petit les Tyrans s'establissent, chassans,
ou massacrans les plus courageux, &
mettans le pied sur la gorge des autres.
Il y a neuf ans, que Nantes ne recognoist
plus les Fleurs de lis : empeschons la pre-
F f iiij

fcription, & nettoyons du tout ceſte grande & ſi importante prouince, que le Roy Charles 8. prefera à tous les pays bas, & au Compté de Bourgongne: àfin que par l'Ocean fuſt borné noſtre Empire, & par le Ciel la renommee de noſtre valeur.

Ie vous adiure donc, braues François, par la gloire de vos anceſtres, qui ont percé les mers, & trauerſé les montagnes, pour aller chercher la guerre iuſqu'au milieu de l'Aſie, & de l'Afrique. Ie vous adiure par voſtre propre vertu : par vos bleſſeures honorables : & par les lauriers encore tous verds de la conqueſte d'Amyens. Ie vous adiure par la valeur incomparable de voſtre Prince qui a vaincu tout ce qui a eu la reſolution de l'attendre : d'apporter en ceſte derniere entrepriſe, qui finira la guerre inteſtine, tát d'ardeur, de paſſion, & de courage, que nous eleuions le nom de la France par deſſus tout ce qu'il y a de plus ſuperbe & de plus reluiſant au monde.

Iuſques icy noſtre tardiueté a des raiſons, chacun en a eu ſes occupations neceſſaires : mais ceſte annee fatale à la Bretaigne ayant deſià commencé l'en-

treprife, qu'elle honte feroit-ce de ne la
paracheuer, & de fe laiffer vaincre à la
feule apprehenfion du trauail ? Quelle
gloire & quelle reputation acquerrions
nous à ce Viceroy de Nantes : quelles ro-
domótades Efpagnoles feroit-il : en quel
defefpoir mettrions nous cefte prouince
& toutes les voifines, qui depuis deux ans
endurent les incommoditez de la guerre,
voyans les autres en repos? Que diroient
nos alliez : que penferoit l'Italie & l'Allemagne de voir fi toft feicher les palmes
de noftre victoire ? Quel exemple dange-
reux à ceux qui voudroient troubler
le refte du Royaume : fi celuy qui n'a iamais efté reputé hóme de guerre, nourry
à l'ombre, & aux delicatefles, qui ne fut
iamais affailly par vn Monarque, qui ne
fouftint iamais fiege, qui perdit Rhenes
huict iours apres l'auoir prife: auoit arre-
fté par ie ne fçay quel malheur, l'entrepri-
fe d'vn fi grand Roy, & la refolution de
toute la France ?

*SIRE, Ceft trop enduré l'infolence, la teme-
rité, & les outrages de ceft orgueilleux Sal-
monee, qui dans voftre Royaume fait du fouue-
rain, tenant vn Parlement & des Eftats, &*

vous menace d'armees Castillanes: côme si vous
ne les auiez pas tousiours chassees deuant vous,
leur faisant trauerser les profondes riuieres en
fuyant le combat, & prenant Amiens à leur
veue. Il ne reste plus que ce trauail, SIRE,
pour acheuer vostre conqueste de l'heritage de S.
Loys: les autres entreprises vous seront mille
fois plus faciles lors que vous aurés à dos toutes
les forces de tant de grandes prouinces paisibles.
Au contraire, SIRE, tant qu'il y aura vn lieu
en France, ou il sera loisible de se dire vostre ennemy, & d'y fomenter des rebellions, vostre E-
stat ne sera point asseuré. Quand il faudra, en
vous desobeissant, sortir le Royaume: & aller
mendier vne pension miserable des Thresoriers
de Castille, il se trouuera peu de gens qui pren-
nent ses resolutions extremes : mais lors qu'on
voit vn asyle tout proche dans ces entrailles de la
France, ou l'argent & les autres commoditez
abondent, cela donne grande hardiesse à ceux qui
croient, que si leur entreprise faut, ils seront
tousiours quittes pour se retirer en Bretagne: &
qu'ils seront en fin comprins en vn Edict. SIRE,
vous estes en la neufiesme annee de nostre regne,
tout le cours de vostre vie n'a esté que triumphes,
que palmes, que trophees, que vous auez rem-
portez de vos ennemis : il est temps que vous met-
tiez fin a ce grand ouurage du restablissement de

la puissance souueraine, & de la restauration de
la monarchie Françoise : il est temps que vous
voyons vostre Iustice florir par tout le Royaume,
& les plus grandes forteresses ouurir les portes
au premier de vos commandemens.   Cela paracheué, SIRE, rien ne vous sera impossible.
Tournez vostre veuë de tous costez, considerez les
prouinces du Castillan, tout est preparé à vostre
conqueste : ils gemissent sous le faix insupporta-
ble de sa tyrannie : qui les reduit en toutes sortes
de desespoir : vostre seul nom, & l'asseurance
qu'ils ont d'estre vn iour deliurez par le bon-
heur de vostre espee victorieuse, leur donne courage de viure. Mais sçachans, SIRE, que la
felicité de vos subiects doit preceder la leur, ils
ont tousiours la veuë iettee sur la Bretagne :
croyans qu'apres auoir acheué cest ouurage, Vostre Majesté tournera les yeux sur eux : & qu'à
l'exemple de ces grands heros de l'antiquité, vous
deliurez les peuples affligez, du ioug de ce
cruel Philippes, ennemy commun de la Chrestienté : auquel vostre ame genereuse (s'il y en
eut iamais au monde) souhaite contre l'opinion
de plusieurs, vne vie de quatre vingts ans. A
fin que tout au contraire de ses projets, il
vous voye, SIRE, ayant pacifié vostre Royaume, conquis l'Artois, & la Flandre, fiefs de
vostre Couronne, luy porter le flambeau de la

Ff vj

guerre iusques au milieu des Hespagnes: & par le
gain de trois grandes batailles deliurer le Portugal,
l'Arragon, & vostre Nauarre, de l'insolence, &
barbarie de ceste nation Castillane: à laquelle tous
les clairs-voyans croyent vostre Majesté auoir arraché la monarchie de l'Europe, que la conqueste
de la France par vous seul empeschee leur rendoit
indubitable.

F I N.